演劇とその分身

アントナン・アルトー著
安堂信也訳

白水社

演劇とその分身

Antonin Artaud

Le théâtre et son double

1964

目次

［凡例］

本書では、原テクストにおける特殊表記を左記のとおり邦訳対応させた。

《 》→「 」

頭文字が大文字で強調された語→〈 〉

すべて大文字で強調された語→《 》

イタリック→傍点

ゴチック→ゴチック

序——演劇と文化[1]

いまだかつて、生そのものが失われようとしている今ほど、文明と文化について語られたことはない。今日の頽廃の根底には生の全般的な崩壊があるが、それと、ある文化についての関心との間には奇妙な平行が見られる。ところが、その文化とはこれまで一度も生と合致したことがなく、むしろ生を支配するために作られたものなのである。

文化というものについて考え直してみる前に私が思うのは、現在の世界は飢えていて、文化などに関心を払いはしないということである。飢えにしか向けられていない人びとの考えを文化に引き戻そうというのは、まったく人為的だということである。

よりよく生きるための心配、飢えの心配から一度も人間を救ってくれなかったような文化を擁護することがそれほど急を要するとは思われない。それより、最も緊急なのは、文化と呼ばれるものから、飢えの力と同じくらい生き生きした力を持つ幾らかの観念を引き出すことである。

我々がとくに必要としているのは、生きることであり、我々を生きさせているものを信じ、また、何かが我々を生きさせているということを信じることだ。——そして我々自身の神秘的な内部から出てくるものが、いつまでたっても、粗野な食い物の心配となって、我々自身のところへ返ってきてしまってはならないということだ。

私が言いたいのは、我々みなにとって、今すぐ物を食べることが重要だとしても、さらに重要なのは、今すぐ物を食べるというその心配のためだけに、飢えるという単純な我々の力そのものを無駄使いしてはならないということである。

もし、時代の徴《しるし》が混乱だとしたら、私はこの混乱の根底に、事物と、その表象である言葉や観念や記号との分裂があると見る。

確かに、思想の体系は不足してはいない。それらの体系の数と、互いの間の矛盾こそが、我々ヨーロッパの、そしてまたフランスの古い文化を特徴づけるものだ。だが、生が、我々の生が、かつて、これらの体系によって影響されたことなどどこに見られようか。

私とて、哲学的体系の数々が直接的に、またただちに応用されるべきものだとは言わない。しかし、次のどちらかであることは間違いない。

つまりこれらの体系がすでに我々のうちにあり、それなしには生きられないほど滲み込んでしまっているというのなら、もはや数々の本などどうでもよいではないか。またその逆に、滲み込んでいないというのなら、これらの体系は、我々を生きさせるのに役立たなかったのだ。したがっていずれの場合でも、そんな体系は消え去ったところで一向に構わないではないか。

強調すべきなのは、文化を我々のなかで一つの新しい器官、一種の第二の呼吸といえるような、行動しつつあるものとする考え方である。そして文明とは、応用された文化であり、我々の最も微妙な行動まで左右するものであり、諸事物のなかに現存する精神なのである。したがって、文明と文化とを分けるのは人為的であり、二つの言葉は、ただ一つの、同一の行動を意味するにすぎない。

人は文明人を、その行動の仕方と、行動するときの考え方によって判断する。だがすでに、文明人という言葉に混乱がある。教養のある文明人とは、数々の体系に通じ、体系によって、形態と、記号と、表象によって考える人のことだと誰もが思っている。

だが、それは、行為を思考に一致させる代わりに行為から思考を引き出すという、我々の持つ能力をばかばかしいまでに発達させてしまった一個の怪物にほかならない。我々の人生に硫黄が欠けているのは、つまり、恒常的な魔術が欠けているのは、我々が、行為によって推し進められる代わりに、それらの行為をただ眺め、行為の理想的形態の考察に耽《ふけ》るのが好きだからである。

こうした能力は人間特有のものだ。そしてさらに言えば、この人間的なものの伝染こそが、神性を持ちつづけられたはずの数々の観念を腐敗させてしまった。なぜなら、私は超自然的なものとか、人間がでっちあげた神性など信じはしないが、我々のうちの神性をついに腐り果てさせたのは、人間の何千年にもわたる干渉のためだと考えるからである。

生についての我々のすべての観念は、もはや何物も生と結びつかない時代において、もう一度考え直さなければならない。そしてこの苦しい分裂が原因となって、事物が復讐する。もはや我々のうちにもなく、事物のなかにも再び発見することができなくなっている詩が、突然、事物の悪い側面から現われ出るのである。いまだかつて、これほど犯罪の多かったことはないが、それらの犯罪の奇怪な無償性も、我々が生を所有することができなくなっているということでしか説明できないのである。

もし、演劇が我々の抑圧に生を与えるためのものなら、一種の恐るべき詩が奇怪な行為の数々によって表現されるだろう。そこでは生きるという事実の数々の変質が、生の激しさは無傷であり、ただ、それをよりよく導きさえすればよいのだということを証明してくれるだろう。

しかし我々は、どれほど強く魔術を求めようと、心の底では、真の魔術の徴の下で全面的に発展するような生に恐怖を持つ。

だからこそ、文化の不在が根を張ってしまっている我々は、ある種の壮大な異常に驚く。たとえば、今日の文明とまったく接触のないある島に、健康な人間しか乗せていない一隻の船が立ち寄っただけで、その島でそれまで知られていなかった、そして我々の国々の特産である病気、帯状包疹とか、流行性感冒とか、ウィルス性感冒とか、リューマチとか、副鼻腔炎とか、多発性神経炎とか、その他いろいろの病気の発生を惹き起こしうることに驚くのである。

また、同じように、我々は黒人が嫌な臭いがすると思う。しかし、ヨーロッパの出でないすべての人びとにとっては、嫌な臭いがするのは我々白人だということを知らない。さらに言えば、我々は、瘭疽《ひょうそ》と言うときに「白い病」と言うような意味での、白い臭いを持っているのだ。

白熱した鉄と言うように、すべて、度を過ぎたものは白いと言えよう。そして、アジア人にとって、白色は、最も極度の腐敗の徴となっているのである。

以上を前提として、文化についての一つの観念を引き出し始められよう。その観念はまず、抗議という形を取る。

文化という観念をわけのわからない〈万神殿〉の一種に縮小して、無分別に矮小化してしまうことに対する抗議である。それは文化を偶像化することであり、偶像崇拝の宗教が、神々をその〈神殿〉に閉じ込めるのと同様だ。

また、文化について人が持つ分離した観念、一方に文化があり他方に生があるかのような考え方に対する抗議でもある。まるで真の文化が生を理解し、営むための洗練された一方法ではないかのような考え方である。

アレクサンドリアの図書館を焼き払うことはできる。だが、パピルスを越えてパピルスの外に、数々の力は残る。それらの力を再発見する能力は一時的に奪われるかもしれないが、それらの力の持つエネルギーは決して消滅しない。それに、あまり大きな便利さが消え去り、数々の形式が忘れ去られるのはかえってよいことだ。それでこそ、空間も時間も持たずただ我々の神経組織が保ちつづけた文化が、勢いを新たに再現してくるからである。ときどき、大異変が起こるのも正しい。それが我々を刺激して、自然に、つまり生に帰らせてくれるのだから。だが、動物や石や電光を含んだ事物や獣の匂いの浸み込んだ衣装など、一言で言えば、すべて、力をとらえ、導き、解き放つものに対する古くからの物神崇拝は、我々にとっては死物となってしまった。我々は、もはやそこから芸術的で静的な利益、享楽者の利益しか引き出せず、行動するものとしての利益は得られない。

ところが物神崇拝は、本来、行動的である。なぜなら、それは動き、しかも行動するものたちのために作られているからである。そして、真の文化はすべて物神崇拝の野蛮で原始的な種々の方法に依っている。それの持つ野性的な、すなわち完全に自発的な生を私は称えたい。

我々に文化を失わさせたのは、芸術についての我々の西洋的観念と、そこから我々が引き出す利益である。芸術と文化が一致して進めなくなっている。これは世界的な習慣に反している。

真の文化はその熱狂と力によって働きかける。ところが芸術のヨーロッパ的理想は精神を力から引き離し、力の熱狂にただ立ち合うだけの態度のなかへ投げ込むことを目指している。これは怠惰で無益な観念であり、やがては死を招く。〈半鳥半蛇神クエツァルコアトル〉の幾重にも巻いたとぐろが調和的なのは、それが眠っている力の平衡と迂回を表わしているからだ。そこでは、形式の激しさは一つの力を誘い捕らえるためにほかならない。そして、その力が音楽に移されれば、たちまち引き裂くような調子を呼び覚ます。

〈博物館〉に眠っている神々、〈異端裁判所〉の三脚台にも似た香炉を持つ〈火〉の神、緑の花崗岩の壁に彫られた数多い〈水〉神の一人トラロック、〈水の母神〉、〈花の母神〉。緑の硬玉の衣を纏《まと》った〈女神〉の、不変の、だが幾重にも重なる水のヴェールの下に鳴り響くその表情。〈花の母神〉の、歓喜と至福の表情。その顔には香気が漂い、太陽の原子が円舞を踊っている。ここには正しく打たれているので石も生命を持つ世界の、あの義務づけられた束縛のようなものがある。それは、有機的な文明人たちの世界、つまり、生命の諸器官もまたその休息から抜け出している文明人たちの世界である。この人間的な世界は我々のうちに入り込み、神々の踊りに加わり、振り返りも後ろを見もしない。振り返れば、我々自身と同様、風化した塩の像に変えられてしまうからである。

メキシコでは、というのもこれはメキシコの話なのだが、芸術は存在しない。事物は何かの役に立つ。そして、世界は終わりのない熱狂のうちにある。

そこでは芸術についての我々の無気力で無償の観念に対して、正統的文化が、魔術的で暴力的に利己的な、つまり利害関係を含んだ観念をつきつける。それというのも、メキシコ人たちは〈マナ〉を捕らえるからである。〈マナ〉とは、あらゆる形態をとって眠っている種々の力のことであって、それらの力は、形態を形態そのものとして観照することによっては現われない。それらの形態との魔術的な同一化によって初めて引き出さされる。そして、古い〈トーテム〉は、この交流を早めるためにあるのである。

何もかもが眠りに誘うときに、意識を集中し目を釘づけにして起きていようと頑張るのはつらいものだ。目に映るものはまるで夢のようで、両の目はもはや何の役に立つのかわからず、視線は自分のなかに返ってきてしまう。

こうして、無償の行動という奇妙な観念が日の目を見る。それでも行動には違いないし、休息の誘惑と隣り合わせなだけに、かえって激烈でもある。

すべて、本物の肖像は、その霊を持っていてそれに裏付けられている。(2) 彫刻家が形を練り上げて一種の霊を解き放ったと思った瞬間から、芸術は消え去り、霊の存在が彼の休息を引き裂くだろう。

適切な象形文字からあふれ出す魔術的文化のすべてと同様、真の演劇もまた、その霊たちを持っている。そしてすべての言語、すべての芸術のなかで、いまだに霊を、自分たちの限界を打破してしまった霊を持っているのは演劇だけである。もともと、霊たちは限界というものに我慢がならなかったのだとも言えよう。

演劇についての我々の化石化した観念は、霊のない文化という化石化した観念と結びついている。そこでは、どちらを振り向いても我々の精神はもはや虚無としかめぐり合わない。だが、空間は満ち満ちているのだ。

それにひきかえ真の演劇は、それが動き、生きている道具を使うがゆえに、生がつまずきつづけてきた霊を揺さぶりつづける。俳優は二度と同じ動作をしない。数々の動作をする。つまり、動く。だから確かに種々の形態を乱暴に扱うかもしれないが、それらの形態の背後で、またその破壊によって、形態に残りつづけるもの、形態のあとの継続を生み出しているものと結合するのである。

何物のうちにもなく、しかもあらゆる言語、つまり動作、音、言葉、火、叫びなどを使う演劇は、精神が自己の顕現を生み出すために、ある言語を必要とするまさにその点に自らを見出すのである。

だから演劇を一つの言語のなかに固定すること、たとえば文字に書かれた言葉だとか音楽、光、効果音などの一つに限定することは、やがて演劇の喪失を招く。一つの言語の選択は、その言語の便利さに対する嗜好を持つことを証明している。そしてその言語の枯渇が同時に限界となってしまうからである。

演劇にとっても、文化にとってと同様に問題はあくまで、霊を名指し、導くことである。そして言語のなかにも形態のなかにも固定されない演劇は、その事実によって、まやかしの霊たちを破壊し、別の霊たちの誕生への道を切り開く。そしてその霊たちのまわりに本物の生の光景が凝集するのである。

生に触れるために言語を破壊することこそが演劇を作ること、あるいは作り直すことである。そして大切なのは、この行為がいつまでも神聖なもの、つまり特別な人たちのものであると思い込まないことだ。しかしまた、誰にでもできることではないこと、そのためには準備の必要なことに思いを致すことも大切だ。

これは人間とその可能性の習慣的な限界を取り払うことにもなる。現実と人が呼ぶものの境界を無限に拡げることにもなる。

演劇によって革新された生の感覚を信じなければならない。そこでは、人間はいまだ存在しないものの恐れを知らぬ主人となり、それを生まれさせる。まだ生まれていないものも、我々が単なる記録器官のままでいることに満足しなくなりさえすれば、もっと生まれ出ることができるはずなのである。

したがって生という言葉を口にするときにも、諸事実の外側によって認められる生のことではないと理解しなければならない。諸形態が触れることのできない、壊れやすい動きやすい一種の根源のことである。そして今の時代にもまだ地獄のような真に呪われた何かがあるとすれば、それは、火炙りにされようとして薪の山の上で合図を送る死刑囚たちのように振る舞う代わりに、いつまでも芸術的に形態にかかずらっていることであろう。

訳註

（1）この序文が書かれた時期は不明だが、内容から言ってアルトーがとくにメキシコ文明に関心を示した一九三三年頃よりあとのことであろうし、おそらく本文より先行することはないと思われる。なお、この序文は原書ではすべてイタリック体で記されており、本書の採用している凡例に従えば傍点で表わすべきものなのだが、ここでは読みやすさを優先させ並字表記のままとした。

（2）「霊」は **ombre(s)** の、「裏付けられる」は **double** の訳である。この一文はアルトーの特徴的な考え方を示していて、直訳ではわかりにくいが、「訳者あとがき」中の本書の題名と訳名についての説明を参照されたい。

演劇とペスト（1）

サルジニア島の小さな町カリアーリの古文書のなかに、一つの驚くべき史実の記録がある。一七二〇年の四月の終わりか、五月の初めのある夜、サルジニアの副王サン＝レミーは、ひどい悪夢に悩まされた。それは、帆船グラン＝サン＝タントワーヌ号がマルセイユに着き、それと同時に、いまだかつて市民の記憶になかった目の覚めるようなペストの爆発的流行が始まる二十日ほど前のことである。サン＝レミーは王者としての責任が限られていたせいか、かえって、この最も有毒なウィルスに対して敏感で、自分がペストに罹かり、その小さな領土がペストのために荒廃するという悲痛な夢を見たのである。

この疫病のゆくところ、社会の枠は外れ、秩序は乱れ、道徳は踏みにじられ、人心は地に墜ちる。サン＝レミーは、それを目の当たりに見る。そればかりか、自分の体のなかでも、引き裂かれた体液がうめきをあげて敗退していくのを、物質のめくるめく崩壊につれて、体液が重苦しくなり、次第に炭のように変わっていくのを感じた。この疫病を清めるにはもはや手遅れなのか。叩きのめされ、打ちひしがれ、粉微塵にされ、骨髄まで焼き尽くされながらも、彼は思った。夢で死ぬはずはない。夢のなかでは意志こそがばかばかしいまでに力を振るい、起こるはずのことを敢えて否定し、偽りを材料に真実を錬り上げることだってできるのだ。

彼は目を覚ました。そして、この夢のおかげで、次第に高まるペストの噂を、東洋から伝わったこのウィルスの毒気を遠ざけることができることになる。

一か月前、ベイルートをあとにした一隻の船、グラン＝サン＝タントワーヌ号が水路を求め、着岸を願い出た。その時、サン＝レミーは、気違いじみた命令、まわりのものにも市民にも、狂気の沙汰であり馬鹿げていて理不尽で乱暴極まると思われた命令を、下すのである。この船がペストに汚染されていると判断した彼は、時を移さず水先案内の小舟に数人の男を乗り込ませて送り出し、グラン＝サン＝タントワーヌ号がただちに舳先をまわして帆を揚げ全速力で町から離れるよう応じなければ、大砲で撃沈すると伝えさせる。ペストとの戦争だ。この専制的な副王は、歯に衣を着せなかった。

ここで注目しなければならないのは夢が彼に与えた影響の異常な強さだ。なぜなら、それが彼に、群衆の嘲りにも取り巻きの疑惑にも揺るがず、この苛酷な命令に固執させたのだから。そのためには、人びとの権利を踏みにじったばかりでなく、最も単純な人命の尊重からはじまって、国内的国際的なあらゆる約束事までを完全に無視した。死を前にしては、そんなことはすべて問題にならなかったのである。

とにかくこうして船は航海を続け、リヴォルノに寄港しマルセイユ沖に入ってくる。そして、ここでは上陸が許可されるのである。

ペストに汚れた積荷がどうなったか。マルセイユの海運課には何の記録も、ない。ただ、この船の船員たちがどうなったかは大体わかっていて、みながみなペストで死んだわけではなく、各地へ散っていっている。

しかし、ペストをマルセイユに持ち込んだのがグラン＝サン＝タントワーヌ号だとは言えない。実は、ペストはもともとマルセイユにあったのである。しかもそれは、とくに再燃期を迎えていた。そしてその火元は突き止められていた。

グラン＝サン＝タントワーヌ号が持ち込んだのは東洋のペスト、いわば、本場のウィルスだった。そしてそれが近づき、町にばらまかれたときに、この伝染病のとくに恐るべき一面が顔を出し、その全面的な火の手となったのである。

これは、幾つかのことを考えさせる。

まず、このペストは他のウィルスを再活性化するらしい。しかも、このペストだけでも、ほとんど同じくらいの荒廃を与える能力があった。グラン＝サン＝タントワーヌ号で病に冒されなかったのは船長だけだったからである。それでいて、この船ではペスト患者が出ると幾つかの船室に閉じ込めてしまったわけだから、新たに罹かった患者が他のものと直接接触したとは思われない。一方、サルジニアのカリアーリでは、小舟が声の届くほど近づいていながら、全然、感染していない。ただ、副王が夢のなかでその発散を受け止めただけである。だがペストと副王との間には、どれほど微妙なものだったとしても、まったく交流がなかったとは考えがたい。つまり、このような病気の伝染を単なる接触によるとだけ考えるのはあまりに安易であろう。

ただ、副王サン＝レミーとペストとの関係は、夢のなかに姿を現わす程度で、実際に副王を病気にするほど深くはなかったわけだ。

いずれにしろカリアーリの市民は、しばらくあとに、奇跡的な先見の明を持った副王の横暴な命令によって追い払われた船がマルセイユのペスト大流行の火元であることを知って、この事実を記録にとどめたのである。それは、今でも誰にでも読めるようになっている。

一七二〇年のマルセイユのペストは、この疫病について我々が持っている唯一臨床的と言われる記述の数々を残してくれた。

しかし、マルセイユの医師たちが書き残したこのペストが、一三四七年のフィレンツェで『デカメロン』を生んだあのペストと同じものかどうかはわからない。史書や、数々の聖典、なかでも聖書、そして幾らかの古い医学書には、数多くの種類のペストの外側から見た記述がある。そのいずれもが、ペストの病気としての特徴よりも、それが精神に残した想像を絶する頽廃の爪跡のほうを、遥かに強調しているかに思われる。たぶん、そのほうが正しいのだろう。なぜなら――ウィルスという言葉が単に便宜的に用いられた術語ではないとしてのことだが――そうでなければ、ペリクレスがシラクサを前にしてそのために命を落したウィ

ルスと、ヒポクラテスによって描かれたペスト、最近の医学書では擬似ペストとされている
このペストのウィルスとの間に、医学が根本的な差異を認めることは困難だろうから。最近の医学書によれば、真性のペストは、ナイル川の収縮によって露出した墓地から立ち昇るエジプト産のペスト以外にはないことになる。聖書もヘロドトスも一致して記しているのは、一夜にしてアッシリア軍の兵士一八万人を斃《たお》し、それによってエジプトを救った電撃的なペストの発生である。もしこれが事実なら、この疫病の大災害は、宿命と呼ばれるものと密接な関係を持つ、ある知的な力の直接的な道具ないしは物質化と考えなければならなくなるだろう。

そしてそれは、その晩にアッシリアの軍隊に鼠の大軍が襲いかかり、数時間のうちに甲冑を喰い荒らしたかどうかには関わりない。この事実は紀元前六六〇年に日本の聖都メカオ(2)で、ただ政府が変わったということをきっかけに起こった伝染病の爆発的流行と考えあわせるべきなのである。

一五〇二年の南仏プロヴァンス地方のペストは、ノストラダムスに、初めて病気平癒の術を使う機会を与えたが、これも、政治の領域での最も深刻な混乱の数々と符合している。王

たちの失墜や死、ある国々の消滅や崩壊、震災、あらゆる種類の磁気現象、ユダヤ人たちの脱出などである。それらは、政治的、あるいは宇宙的な次元での大異変や荒廃に先立ったり引き続いたりするのだが、それを惹き起こした張本人たちは無知蒙昧で、その結果を予想していたとはとても思われないし、本当にその効果を期待するほどの悪者でもなかったのである。

旧来の陋習から抜け出せない歴史家や医学の考えがどうであろうと、ペストという病気が一種の精神的な実体であって、ウィルスによってもたらされるのではないという点で合意が得られるのではないかと思う。歴史や回想録の類が示しているペスト伝染のすべての事実を精密に分析したなら、きっと、接触による感染を本当に証明するようなたった一つの事実も抜き出すことは難しいだろう。ボッカチオはペスト患者が包まれていた敷布の匂いを嗅いだために死んでしまった豚の例を挙げているが、これとても、せいぜい豚の肉とペストの本性との間に一種の神秘的な親和力があったことを証明するのが関の山で、それも本当のところはさらに精密に調べてみなければわからない。

本当の病源体が在存しないとしても、一応認められるものとして、ある一連の現象を特徴づけている病気の形式がある。すなわち、次のようにペストが描写されることは認められるだろう。

あまりはっきりした生理的、あるいは心理的不快感に襲われる以前に、赤い斑点が体中に拡がる。患者はそれが黒く変化したときになって突然気がつく。だが、それにおののく暇はない。頭が熱に煮えたぎり、途方もなく膨れたと思われるほど重くなる。そして彼は倒れる。その時患者をとらえるのは恐ろしい疲労感、中枢の磁力的な吸引の疲労、体中の分子が二つに分断され、消滅に向かって引きずり込まれていくかのような疲労感である。体液はあわてふためき、ぶつかり合い、混乱し、体中を駆けめぐっているかのように思われる。胃が込み上げ、腹のなかのものがすっかり歯の穴から噴き出そうとしているかのようである。脈は、時にはあまりに遅く、微かに、まるであるかなきかになり、時には早駆けとなり、体内の燃えさかる熱や、精神のとめどもない錯乱に呼応する。あわただしい脈とともに心臓は激動し、膨れ上がり、音を立てる。目は真紅に燃えさかり、やがてどんよりする。舌は巨大に膨れ、喘ぎ、まず白く、やがて赤く、ついには炭のように黒くなりひび割れる。すべては、かつてない肉体の嵐を知らせている。やがて、電光に引き裂かれた大地のように、地下の嵐にさいなまれた火山のように、患者の体液は外への捌け口を求める。斑点の中央に灼熱の点ができ、この点のまわりの皮が火膨れして、溶岩の表面に浮かぶ気泡のごとく持ち上がる。その気泡のまわりには、幾重にも円が描かれ、その最後の輪は、白熱した土星をめぐる環のように、出来物《できもの》の一番外側を示している。

この出来物は体中を冒す。だが、火山が地球上の幾つかの点で聳《そび》えるように、出来物も、体のうちでとくに膨れ上がる場所がある。股の付け根から指の幅二、三本のところや脇の下など、リンパ腺が活発で忠実にその役割を果たす貴重な場所に出来物は現われ、そこから有機体は、時には内部の腐敗を、そして場合によっては生命を吐き出すのである。このように特定の一点に激しい炎症が起きるのは、たいていの場合、中枢の生命が少しもその力を失っておらず、病勢を抑え、時には全快することが可能なことを示している。だが、ちょうど内にこもった怒りのように、このような特徴を表にあらわさないものこそ最も恐ろしいペストである。

ペスト患者の死体は解剖しても損傷は認められない。体から出る活力を失った無駄な老廃物を濾《こ》す役目を持つ胆嚢は、黒くねばねばした液体に満ち、はちきれそうに膨らんで、あまり密度が高いのでまるで新しい器官のように見える。血液も、動脈でも静脈でも、やはり黒く、ねばついている。体は石のように固い。胃の内壁は、数限りない出血によって活発に働いたことがわかる。すべては、諸分泌作用の根本的な混乱を示している。だが、ハンセン病や梅毒のような物質の脱落や崩壊はここにはない。混乱が最もすさまじく、物質が驚くべき程度の腐敗と石化に達している腸でさえ、有機的には傷ついていない。胆嚢は、そのなかに詰まった固い膿をとるのに、先の尖った細身のナイフで、半透明で固い黒曜石でできた道具で、まるである種の人身御供のように剝ぎ取らねばならないほどだが、異常に肥大し、場所によっては脆《もろ》くなってはいても無傷であり、足りない細胞は一つもなく、損傷も見当たらず、失われた物質もまったくないのである。

もっとも、ある場合には、冒された肺と脳が黒化し腐敗している。肺は軟化し、切り刻まれ、何かわからない黒い物質のくずになっている。また脳も溶解し、鑢《やすり》にかけられたように粉砕され、粉々になって一種の黒炭の粉末に風化されている。

この事実から、二つの重要な考察が引き出される。第一には、ペストの症候群は肺と脳の腐敗を除いても完全であり、ペスト患者は腕一本、足一本腐ることなしに一巻の終わりとなるということである。腐敗を過小評価するわけではないが、生体は、特定の部位の生理的な腐敗を求めないでも、死ぬことを決定してしまうのである。

第二の考察としては、ペストによって実際に傷つき冒されるただ二つの器官、肺と脳が、ともに意識と意志に直接従属しているということである。人は、呼吸や思考を止めることができる。呼吸を速めたり、そのリズムを思いのままにしたり、それを意識することもしないことも自由だし、さらに意識しているときの呼吸としていないときの呼吸の釣り合いをとることもできる。自動的な場合は交感神経の直接支配下にあるし、意識的な場合は、脳の反射神経に従っている。

同じように、人は自分の思考を速めたり、遅くしたり。リズムをとったりできる。精神の無意識な働きも規制できる。それにひきかえ、肝臓による体液の濾過や、心臓と動脈による体内への血液の配分を支配することはできないし、消化を加減し、腸内への物質の排出を止めたり速めたりすることもできない。したがって、ペストは、体中のすべての場所、生理的空間の部位のうちで、人間の意志や意識や思考と近く、それらが現われそうな場所を好んで傷つけることによって、自分の存在を主張しているように思われるのである。

一八八〇年代に、イエルサンというフランスの博士がペストで死んだインドシナ人の死体を調べて、顕微鏡でしかわからないあのオタマジャクシの一つを分離した。それは頭がまるく、尾が短かった。博士はそれをペスト菌と名づけた。しかしそれは、私の見るところでは、ウィルスの生成過程のある瞬間の姿にすぎず、ウィルスより遥かに小さな物質にすぎない。いずれにしろ、それはペストを説明するのに何の役にも立たない。そしてこの博士に聞いてみたかったのは、ペストの大流行すべてが、ウィルスによろうとよるまいと五か月間は続き、それが過ぎると勢力が衰えるのはなぜか、また、一七二〇年の終わり頃、ラングドック地方を通ったトルコの大使が、アヴィニョンとトゥールーズを経てニースとボルドーを結ぶ一種の境界線を指摘し、それがこの疫病流行の地理的な限界だと断言することができたのはなぜか、ということである。のちの流行がこの大使の正しかったことを証明しているのである。

これらすべてのことからこの疫病の精神的な容貌が現われてくる。ペストの法則は科学的には突き止められないのである。また、その起源を地理的に探ることも馬鹿げている。なぜならエジプトのペストは東洋のペストとは別物であり、その東洋のペストはまたヒポクラテスのペストと異なり、それもまたシラクサのペストとは異なり、シラクサのそれは中世ヨーロッパで五〇〇〇万人の命を奪ったフィレンツェのペスト、つまり〈黒死病〉とは違うのである。ペストがなぜ、逃れようとする臆病者には伝染《うつ》り、死体を弄ぶ好色漢たちを見逃すのかは誰にも言えまい。なぜ、人里離れても禁欲しても孤独を守っても、災害を避ける役には立たず、かえってボッカチオのようにがっちりした二人の仲間と七人の色好みの尼御前を連れて田舎に引きこもった放蕩者の一団が、平然と、ペストの終わる夏の盛りを待つことができたのか。なぜ、ボッカチオたちのいた場所のすぐ近くの城で、戦時そのままに武装した兵隊たちを数珠つなぎにしてまわりを固め人っ子一人通さなかったのに、ペストがすべての駐屯部隊と住民を死体に変え、かえって一番伝染にさらされているはずの守備の兵士たちだけを素通りしたのか。さらに十九世紀末、エジプト・ペストの大流行に際しムハンマド＝アリーが大軍を出動して張りめぐらした防疫線が、修道院、学校、牢獄、宮殿などを守るのに有効だったのはなぜか、誰に説明できようか。それに、東洋のペストの特徴をすべてそなえている疫病の一つが、中世のヨーロッパのあちこちでいきなり発生しながら、しかも、それらの場所が東洋とは何の接触もなかったというのはどういうことだろうか。

この疫病の精神的容貌は、以上のように、奇怪で不思議で矛盾した特徴から構成されなければならない。それは有機体とその生命を、抉《えぐ》り、引き裂き、震えおののかせる。激しさを加え奥深くなればなるほど、感受性のすべての面に数々の道筋と豊かさをもたらすあの苦悩に似ている。

だが、鼠も細菌も接触もなしに拡がって行くペストの自由奔放さからは、ある種の芝居の、絶対的で暗澹とした筋立てが引き出せる。次にその光景を分析して見よう。

ひとたびペストが町を襲うと、正常な社会の枠は崩れ去る。もはや衛生局も軍隊も警察も市当局もなくなる。手の空《す》いたものたちが、勝手に死体を焼く薪に火をつける。どの家族も我がちに薪を求める。たちまち、木も場所も、したがって炎も少なくなり、焚火をめぐって近所同士の争いが起きる。やがて屍体の数が増えすぎて、ついに、全面的な避難が始まる。すでに道の至るところに屍体が転がっている。それは山をなし、崩れ落ち、その端を蛆虫が囓り始める。臭気が炎のように立ち昇る。どこもかしこも、道一杯に、屍体のピラミッドが築かれる。そしてその時、家々の戸口が開かれ、熱に狂ったペスト患者が、恐ろしい幻覚に憑かれて、怒号をあげながら町中に拡がる。内臓を蝕《むしば》み、全身を駆けめぐる病は、精神を捌け口として噴出する。一方、出来物もなく、痛みもなく、幻覚にも皮膚の班点にも冒されない人びとは、すでに感染していることも知らずに、傲然と鏡を見つめては健康にはちきれそうな自分に満足する。しかし、突然、手に髭剃り用の皿を持ったまま、そして他のペスト患者への軽蔑に満ちたまま、どっと倒れ、そのまま動かなくなる。

屍体から吹き出る血みどろで、ねっとりと濁って毒を持つ苦悩と阿片の色をたたえた流れの上を、奇怪な人物たちが練り歩く。休中に蠟を塗り、一メートルもある鼻をつけ、ガラス玉の目を持ち、木片を二枚、一方は水平にして靴底のようにし一方は垂直にして汚れた体液に触れないようにした、日本の下駄のようなものを履いている。戯《たわ》けた経を口ずさみながら通っていくが、その御利益も甲斐なく、やがては彼らも残り火のなかに倒れていく。無知な医師たちは恐れおののくばかりで、やることなすこと児戯に等しい。

開け放たれた家々へは、欲に憑かれて免疫になったかのようなどん底の人びとがなだれ込み、他人の富に手をかけるが、やがて、それが何の役にも立たないことを思い知る。そしてその時、演劇が生まれ出る。演劇、すなわち現状に対して無益であり無駄である行為に人をかり立てる差しあたりの無償性が。

生き残った最後の人びとは猛り狂う。それまで従順で品行方正だった息子が父親を殺す。禁欲家が近親の同性を犯す。淫蕩な男が純粋になり、守銭奴が窓から金貨を手づかみで投げる。戦争の英雄はかつて命を賭して救った町を焼き払う。洒落ものがあくどく着飾って屍体の山の上を練り歩く。これほど無意味で戯けた行動の動機としては、処罰がなくなったとか、死が近いというだけでは充分ではない。死が何一つとして終わりにすることはできないと信じていた人びとのことなのである。さらにまた、病の癒えたペスト患者たちが、逃げるどころかその場に残って、屍体の山にまぎれ込んで半ばつぶされている死にかかった女や、すでに屍体となった女にまで、恥ずべき欲情を求めるというこの性的熱病の高まりはどう説明したらよいのだろう。

だが、もしこのような狂乱的な無償性を出現させるのに大災害が必要であり、そしてその災害がペストと呼ばれるのなら、この無償性の意味は、我々の全人格との関連で探ることができるかもしれない。物質的には何一つ破壊せず、しかも絶対的でほとんど抽象的とも言える病のあらゆる烙印を押されて死んでいくペスト患者の状態は、現実に対しては無益なのに、自分の感情によって全人格を探られ覆《くつがえ》される俳優の状態と同一である。俳優にとってもペスト患者と同じように、生理的なすべての面で生命力がその極限まで反応したことを示すが、しかし、実は何も起こらなかったのである。

幻を追って叫びながら走るペスト患者と、自分の感受性を追う俳優との間には、また、ペストなしには考えもしなかった登場人物を作り上げて、それを、屍体と錯乱した狂人という観客のなかで演じる生き残りの患者と、時ならぬ時に登場人物を発明し、それを同じく無気力な、あるいは熱狂的な観客に引き渡す劇詩人との間には、この他にも類似点が数多い。そしてそれらの類似点こそ、真に重要な真実を明らかにし、それこそがまた、演劇の作用をペストの作用と同様に、真の伝染性の次元に置くものなのである。

強烈な生理的崩壊の状態と関連を持つペストのイメージが尽き果てる精神力の最後の火花であるように、演劇における詩のイメージは、感性のなかで弾道に乗り始めた精神力であって、現実を顧みない。ひとたび熱狂のうちに身を投げた俳優が罪を犯すことを自ら妨げるためには、人殺しが罪を実行するための勇気以上の美徳を必要とする。そしてこの点において、演劇のなかでのある感情の作用はその無償性によって、現実化した感情の作用より遥かに価値のあるものとなって現われるのである。人殺しの興奮が尽き果てるのに対して、悲劇俳優の興奮は純粋で閉じられた円のなかに残っている。人殺しの興奮は、その行為を完成すると放電してしまう。力との接触を失う。力は興奮を吹き込んだが以後は決して養分を与えない。ところが、俳優の興奮は一つの形式を取る。そしてその形式は、姿を現わすにつれて、自らを否定し、普遍性のなかに溶け込んでいく。

ここでもしペストの持つ精神的なイメージを認めるなら、ペスト患者の混濁した体液を、一つの混乱が物質化し凝固した姿と考えることができるだろう。その混乱は、他の次元では、種々の事件が我々にもたらす衝突や闘争や動乱や瓦解に等しい。どこかの精神病院の一人の狂人の捌け口のない絶望と叫びがペストの原因となることが不可能でないのと同様、感情とイメージの一種の転換の可能性によって、外界の事件、政治的衝突、自然の異変、革命の秩序と戦争の無秩序などが演劇の次元に移って、それを眺める人の感受性のなかで、伝染病のような力を持って放電することも認められるだろう。

聖アウグスティヌスは、『神の国』のなかで、器官を壊さずに人を殺すペストと、殺しはしないが、個人のみならず一国民の精神にまで最も神秘な変質を惹き起こす演劇の作用との類似を強調している。

「知るがいい」と彼は言う。「それを悟らぬ汝たち。あの舞台の戯れ、淫らな見世物をローマに植えつけたのは、人間の悪徳ではなくて、汝らの神々の命なのだ。そのような神々よりも、スキピオン*をこそ神と崇めるべきだ。確かに、神々は、司教より価値がないのだ」。

*原註
スキピオン・ナシカ＝ローマの劇場を取り壊し、その地下室を埋めることを命令した司教団長。

「肉体を殺すペストをしずめるために、汝らの神々は舞台の戯れを捧げることを要求する。ところがスキピオンは、魂を腐らせるほうのペストを避けようと、舞台自体の建築に反対する。もし、汝らのなかに、肉体より魂を大切にするための知性の光が幾らかでも残っているなら、汝らの崇拝に値するのがどちらかを選ぶがよい。なぜなら、悪霊どもはずるがしこくも、肉体の病の伝染が止まることを見こして、その機会をもっけの幸いとばかり、肉体ではなく、風習を犯すがゆえに遥かに危険である災害を持ちこもうとするのである。事実、どれほど見世物が魂を盲目にし腐らせていることか。ごく最近でさえ、この不吉な道楽に憑かれた人びとが、ローマの掠奪を逃れてカルタゴに隠れてまで、毎日のように劇場に通い道化たちにうつつを抜かしているのだ」。

この伝染的な狂気の正確な理由を明らかにするのは無駄なことだ。それは、神経器官が一定の時間が経つと最も微妙な音楽の振幅まで抱きこみ、それによって一種の永続的な変化まで起こす、その理由を求めるのと変わりはない。何より大切なことは、演劇がペストと同じように、一つの狂気であり、それが伝染性だということを認めることである。

精神は、自分が見たものを信じ、信じたことを行なう。そこに幻惑の秘訣がある。聖アウグスティヌスは、その文章のなかで、一瞬たりともこの幻惑の現実性に疑いをさしはさまない。

しかし、精神のなかに、それを幻惑するような光景を生じさせるには、発見すべき幾つかの条件がある。そして、それは単に芸術の問題ではない。

なぜならもし演劇がペストのようだとしたら、それは演劇も大きな集団に働きかけ、それを同じ意味で混乱に突き落とすからだけではない。むしろ、演劇にもペストにも、勝ち誇ると同時に復讐的な何かがあるからである。ペストが行くところ、自ずと燃え上がる火の手が、一つの巨大な御破算以外の何ものでもないことは誰にでもよく感じられるのである。

社会のこれほど完全な崩壊、有機体のこのような混乱、悪徳のこれほどの横溢、魂を締めあげてとことんまで追いつめるこのような全体的悪魔祓いは、何か本質的なことをやりとげようとするときの自然のあらゆる力が生なましく認められるような一つの状態、一つの極端な力の存在を示している。

ペストは眠っているイメージの数々、潜在的な混乱を取りあげて、それを一気に最も極端な行動にまで持っていく。そして演劇もまた、行動を取りあげて、それを極限にまで追いつめる。ペストと同様に演劇は、あるものとないものとの間を、可能なものの潜在能力と物質化された自然のなかに存在するものとの間を、再び鎖で結びつける。演劇は、形象と典型的象徴の概念を再発見し、その形象や象徴は、いきなり眠りから覚まされた我々の頭のなかに、休止符として、延音記号として、血液の循環を止めるような、体液への呼びかけのような、イメージの燃え上がる圧力として働きかける。演劇は、我々のうちの眠っているすべての葛藤にその力を返し、それらの力に名を与える。それらの名を我々は象徴として崇めるのである。そしてそこで、我々の目の前で、象徴の間の戦いが始まる。組んずほぐれつのとんでもないつぶし合いである。なぜなら演劇は、不可能なことが現実に始まらない限り、また舞台で起きる詩が現実化した象徴に養分を与えそれを過熱しない限り、存在しないからである。

これらの象徴は、熟し切っていながらそれまでは抑えつけられていた力、現実のなかでは使い途のなかった力の前兆であり、それが信じがたいイメージとなって爆発し、本来は社会生活の敵であるはずの行為の数々に市民権と存在の権利を与えるのである。

本物の戯曲は、感覚の休息を覆して閉じ込められていた無意識を解放し、一種の潜在的な反抗に追いやる。そもそも、反抗は潜在的でなければ価値がない。そしてそれがさまざまな集団に、英雄的で険しい態度をとらせるものである。

我々は、フォード[3]の『あわれ彼女は娼婦』で、幕が開いた瞬間から傲慢にも近親相姦の名誉回復を強引に求める人物を発見してあっけにとられるが、その人物が近親相姦を公言し正当化するために自分の信念と若さのすべての力をふるうのも、そのためなのである。

その人物は一瞬たりとも迷わず、片時たりとも躊躇《ためら》わない。それによって自分の前に立ちふさがるすべての障碍がいかに取るに足りないかを示す。彼は英雄的に犯罪者であり、その英雄的な態度を大胆に誇示する。すべてが彼をこのただ一つの方向に押しやり、昂揚させる。彼には天もなく地もない。あるのはただ、彼の痙攣的な情熱であり、それに呼応するのが、同じく反抗的で英雄的なアナベラの情熱なのである。

アナベラは言う。「私は後悔の涙は流しません。ただ、私の情熱を充分に満足させられないのではないかと思うと悲しいのです」。この二人はともに食わせ者で、嘘つきで、偽善者である。それは、法律が二人の超人間的な情熱に堰を設け、制裁を加えるからである。だが、彼らはその情熱を法律の上に置くのである。

復讐には復讐をもって、犯罪には犯罪をもって応える。彼らは、脅かされ、追いつめられ、絶望的となり、観客が今にも彼らを犠牲者として同情を感じかけたとき、その宿命に対して、脅迫には脅迫で、打撃には打撃をもって応える本性を表わす。

我々は彼らとともに、極端から極端へ、復権要求から次の復権要求へと歩む。アナベラは捕らえられ、姦通と近親相姦を白状させられ、足蹴にされ、罵られ、髪を摑んで引きずられながら、まったく驚いたことに、逃げ道を探すどころか自分の死刑執行人にまで挑みかかり、一種の頑強な英雄的な態度をもって歌を歌う。それは絶対的な反抗であり、息つぐ暇もない愛の手本であり、我々観客は、何ものも決してそれを押しとどめることができないと感じて苦悩にあえぐのである。

反抗の絶対的自由の例を求めるなら、フォードの『あわれ彼女は娼婦』は絶対的な危険と結びついたその詩的な手本を与えてくれる。そして恐怖と血と法律違犯と反抗によって聖化された詩がその絶頂に達したと思ったとき、我々はさらに遥かに、何ものによっても止めることのできないめまいのなかに追いやられるのである。

そして、最後に我々は思う。これほどの不敵さ、これほどの逆らいがたい大犯罪は報復と死に値すると。

ところが違う。昂揚した偉大な詩人に息を吹き込まれたこの恋人ジョヴァンニは、筆舌に尽くしがたい情熱的な重罪によって、報復を超え、犯罪を超え、脅迫を超え、より大きな恐怖によって恐怖をも超え、法律を、道徳を、そして、彼を裁くために勇を鼓していきり立った人びとをはぐらかしてしまう。

一つの罠が巧みにかけられ、大饗宴が催される。その夜の客のなかには刺客や警官がまぎれ込み、合図一つで彼に飛びかかろうとしている。だが、この逃げ場を失い絶望状態の英雄は、愛の霊感を受けて、誰にもその愛を裁かせようとはしない。

彼はこう言っているようだ。お前たちは俺の愛の命を狙っている。それなら、俺はその愛で、お前たちの横面をはたいてやる。この愛の血潮を降り注いでやろう。だが、お前たちは誰一人、この愛の高みには登れないのだ。

そして彼は、恋人アナベラを殺害し、その心臓を抉り出す。その夜の客たちがおそらく彼自身を貪り喰うことを期待していた饗宴の只中で、恋人の心臓に舌鼓を打つかのように。

しかも処刑される前に、彼はさらに恋敵を、彼と彼の愛の間に敢て立ちふさがった妹の夫を殺す。この最後の死闘は、まるで彼の断末魔の狂乱のように思われるのである。

ペストと同様、演劇はこのように数々の力へのすさまじい呼びかけであり、それらの力が、精神を実例によって、精神自体の葛藤の源へと導くのである。すでに充分感じ取れるように、フォードの情熱的な一例も、さらに壮大でまったく本質的なある働きの象徴にすぎない。

〈悪〉の戦慄的な出現は〈エレウシスの秘儀〉(4)でもその純粋な形を与えられているが、それは実に啓示的であり、ある種の古代の悲劇の暗黒の時代に呼応するものであり、すべての真の演劇はそれを再発見すべきなのである。

もし本質的な演劇がペストのようだとしたら、それは、演劇も伝染性を持っているからではなく、それがペストと同じように潜在的な残酷性の根元を啓示し、前進させ、外部へ押し出し、それによって一個人、あるいは一国民に巣喰った精神の邪悪な可能性のすべてを突き止めるからである。

ペストと同じように演劇は悪の季節であり、黒い力の勝利である。そしてその力をさらに深い力が最後の消滅まで養いつづけるのである。

演劇のうちでは、ペストと同様、一種の奇怪な太陽が輝いている。その光は異常に強烈で、そのなかでは困難なこと、いや不可能なことでさえ、急に我々の正常な要素となる。フォードの『あわれ彼女は娼婦』も、他の真に価値あるすべての演劇とともに、この奇怪な太陽の閃光の下にある。それはペストの自由奔放さに似ている。そこでは瀕死の人間が一歩一歩、一段一段、自分の役割を膨張させ、生き残った人間が次第次第に、巨大で過度に緊張した存在になっていくのである。

ここで言えるのは、すべての真の自由は陰惨であり、間違いなく性の自由と混ざり合っているということである。その性の自由が、なぜかわからないが、やはり暗いのである。というのも、プラトン派の〈エロス〉や生殖としての意味や生命の自由などはとうの昔に姿を消し、今やそれを装うのは〈リビドー〉というどす黒い衣裳だからであろう。人はそれを、ありとあらゆる汚れと卑しさと恥辱の代名詞にしている。その汚れや卑しさや恥辱は生きていくこと自体のなかにあり、自然だが不純な活力によって、常に新たとなる力をもって、生に向かって突き進む以上避けられないものと考えている。

だからこそすべての〈神話〉は陰惨であり、すぐれた〈寓話〉も、大量虐殺と拷問と流血の雰囲気を除いては想像できない。それは、最初の性の分離と同時に、天地創造のうちに現われた諸要素の最初の殺し合いを群衆に物語っているのである。

演劇は、ペスト同様この殺し合い、本質的な分解の写し絵であり、数々の葛藤を明るみに出し、いろいろな力を解き放ち、種々の可能性に火をつける。そして、もし、その可能性や力が陰惨であったとしても、それはペストや演劇の罪ではなく、生の罪なのである。

現在のままの生活、我々に与えられた生活には、熱狂の材料はあまりない。ペストによって、集団的に、社会的でも精神的でもある巨大な出来物が膿を吐き出すと思われる。そして、ペストと同じように演劇もまた、集団的に、数々の出来物を切開するためのものなのである。

確かに、聖アウグスティヌスが言ったように、社会の体内に投げ込まれた演劇の毒はそれを風化してしまうかもしれない。しかしそのやり方はペストと同じで、一つの報復としての災害であり、救いの手としての疫病であり、迷信的な時代にはそこに神の御手を見たが、実はすべての行為は他の行為によって補足され、すべての行動は反動によって相殺されるという自然の法則の適用でしかないのである。

演劇はまた、ペストと同様、死ぬか全快するかによって終わる危機である。ペストは最高の病気だ。なぜなら、病後に、死か極端な浄化しか残さない完璧な危機なのだから。同じように、演劇も一つの病気である。崩壊なしには手に入らない最高の均衡なのだから。それは精神を狂気に招いて、その活力を発揮させる。そして、結論として、人間的な観点からは、演劇の作用はペストの作用と同じように有益だということがわかるだろう。なぜなら、それは人びとにあるがままの自分の姿を見させ、仮面を剝がし、虚偽を、怠惰を、低俗を、偽善を暴くのだから。演劇の作用は、物質が息苦しい無気力で、五官の得る最も明確な与件まで蔽い尽くすのを妨げ、集団にその暗い力を、隠れた能力を啓示し、宿命を前にして英雄的で最高の態度をとるように導く。集団は演劇の作用なしにはそのような態度を決してとらないのである

そこで、今や問題なのは、気づかないうちに深みに滑り落ち自らの命を絶ちつつある今日

の世界に、演劇についてのこのような高い概念を強制できる人びと、もはや我々には信じられなくなっているかつてのさまざまな教義が持っていたのと同様に自然で魔術的な価値を我々すべてに返してくれるこの演劇の概念を認めさせる人びとの核が、果たして存在するか否かということになろう。

訳註

(1) これは一九三三年四月六日にソルボンヌで行なった講演の原稿であり、のちに手を入れて、『新フランス評論』誌一九三四年十月一日号(二五三号)に掲載したものの再録である。ただし、訳では他の部分との釣り合いを考えて、講演口調にはしなかった。

(2)「訳者あとがき」参照。

(3) イギリスの劇作家(一五八六～一六三九)。恐怖悲劇を得意とした。

(4) アッチカの村。その神殿で行なわれた宗教劇とその堕落は有名。

演出と形而上学（1）

ルーブル博物館に〈ルネサンス前派〉の一枚の絵がある。有名か無名かは知らないが、その名は今後も芸術史の主要なこの一時期を代表しそうもない。しかしルカス・ヴァン・デン・ライデン（2）というその〈ルネサンス前派〉の画家は、私の意見では、彼のあとに続く四、五百年間の絵画を無用で無効なものにしている。その絵は『ロトの娘たち』と名づけられ、当時の流行で聖書を題材としている。中世の人びとが聖書を今日の我々のような仕方で理解していなかったこともよくわかる。この絵は聖書から引き出すことのできる神秘的な演繹の奇妙な例である。いずれにしろ、その悲愴感は遠くからでも目を引き、一種の電撃的な視覚的調和によって精神を打つ。つまり、その鋭さがすべて一度に最初の一瞥に集中して働きかけるのである。題材が何なのかわかる以前に、すでにそこで何か大事が起こっていることを感じさせ、いわば、目と同時に耳まで感動してしまう。高度の知的重要性を持ったドラマがそこに集約されているようだ。まるで、風か、あるいはもっと直接的な宿命が、その雷電の力を試すためににわかに集めた雲のようである。

事実、絵のなかの空には暗雲が垂れ籠めている。だが、ドラマが生まれたのが空であり、そこで起こっていることに気がつく前に、この絵の特殊な光の扱いや、さまざまな形の乱雑な群がりや、遠くから発散するその印象など、すべてが一種の自然のドラマを告げているのであり、絵画の〈黄金時代〉のどのような絵もこれに匹敵するものを我々に与えてくれることはあるまいと思う。

海辺に立てられた天幕。その前で、ロトは胴鎧をつけて坐っている。見事な色合いの赤い顎鬚をたくわえ、ロトは、自分の娘たちの舞う姿を、まるで売春婦たちの宴に加わっているかのような様子で眺めている。

事実、娘たちは、あるものは一家の母のように、またあるものは女戦士のように、髪を結ったり武器を操ったりしながら過ぎていくが、いずれも父親を魅惑し、その玩具となり道具となることだけを目的にしているかのようだ。このようにして、この古い題材が持つ深い近親相姦的な性格が現われ、この画家はそれを情熱的なイメージに発展させている。それは彼がまるで現代人のように、つまり我々が理解するのと同じように、この題材の持つ性のすべての深みを理解していたことの証拠である。深く、そして詩的な性の意味を我々同様に見逃さなかった証拠である。

画面の左手のやや奥まったあたりに、奇跡的な高さまで一つの黒い塔が聳えている。それを土台のところで支えているのは岩と植物の入り組んだ組み合わせで、そのなかを数条の曲がりくねった道が通じ里程標が立てられ、あちこちに、何軒かの家が見える。そして遠近法の巧みな効果によって、その道の一つが、茂みの間を縫いながらやがてそこから抜け出て橋を渡り、ついに、雲間から洩れてあたり一面に不規則に降り注いでいるあの嵐を思わせる光を浴びる。背景の海は極端に水位が高く、しかも、空の一角で一種の火の渦が燃えさかっているにもかかわらず、極端に静かである。

夜、花火のきらめきのなかに、流星や烽火《のろし》や稲妻などとともに、景色の細かい部分がいきなりまぼろしの光に照らされて闇のなかから浮き出して見えることがある。そうした木や、塔や、山や、家の、光と影やその姿は我々の精神のなかで、その時の轟音と決定的に結びついてしまう。この絵のなかでも景色のさまざまな細部が空に現われた火にどのように従属しているかは、一つ一つの光景がそれ自身の輝きを持っていながら、それにもかかわらず火と密接な関係を持っているとでも言う以上に上手くは言い表わせない。まるで、長びく木霊《こだま》のようでもあり、火が持つすべての破壊力を発揮させるためにその火から生じてそこに置かれた、生きた目印のようでもある。

とにかく、この画家の火の描き方には、何か、恐ろしいほど力に満ち、心を惑わすものがある。固定された表現のなかで、まだ行動し動きつづけている要素がある。この効果がどんな方法によって達せられているかはあまり問題ではない。納得するにはその絵を一見すれば充分だ。

いずれにしろ、この火から発散している暗合と悪意は誰も否定しないだろう。そしてこの火は見る人の心のなかで、まさにその猛々しさによって、他の部分の物質的で重苦しい安定性と釣り合いをとるのである。

空と海との間、〈黒い塔〉と同じ奥行のあたりの、ただし右手には、細い岬が突き出ていて、その上に修道院の廃墟が王冠のようにのっている。

この岬は、ロトの天幕が立っている海辺からすぐ近くに見えながら、その間に大きな湾を抱え込んでいる。そして、その湾のなかでは今まさに、かつてない海難が起こっているかに見える。真二つに折れながら沈み切らない船が、海上に、まるで松葉杖にでもすがるようにしがみついている。そのまわりには至るところに、折れたマストや支柱の円材が散乱している。

たかが一、二隻の船の残骸から、なぜこれほど全面的な破局の印象が現われてくるのかを言うことは難しい。

どうやらこの画家は線の調和に関する秘術に通じていて、それを物理的反応力として脳に直接働きかけさせる方法を心得ていたらしい。とにかく外側の自然のなかに拡がった暗合の印象と、とくにそれを表現するやり方は、この絵の他の細部にも幾らも目につく。たとえば、八階建ての家ほどもある高さに海上に聳える橋や、その上を数珠つなぎになって、まるで、プラトンの洞穴のなかの〈イデア〉のように渡っている人物たちである。

この絵から生じる数々の観念が明確であると主張しては嘘になる。だが、その観念はとにかく一種の偉大さをそなえている。それは、描くことしか知らない絵画、つまりここ数世紀の絵画のせいで我々がすっかり馴染みを失ってしまった偉大さなのである。

ロトとその娘たちの側に性と生殖についての一つの観念があり、ロトがそこに置かれているのは、まるでひものように実の娘たちを犯すためらしいとしても、それは添景にすぎない。それは、この絵が含んでいるほとんど唯一の社会的観念なのである。

他のすべての観念は形而上的である。こんな言葉を口にするのは非常に残念だが、まさにそうなのだからしかたがない。それどころか、それらの観念の詩的な偉大さや我々に与える具体的効果は、まさにそれらが形而上的であることから来ているし、それらの精神的な深味は、この絵画の形式の外面的な調和と切り離せない。

ここには〈生成〉についての観念があって、それを、この景色のさまざまな細部やそれらの描かれ方、互いに打ち消し合ったり呼応したりするその配置などが、音楽と完全に同じように、我々の精神のなかに導き入れるのである。

また、〈宿命〉というもう一つの観念は、あの突然の火によってよりも、むしろ、その火の下ですべてのものの形態が組織されあるいは崩壊していく、その厳かな調子によって表現されている。あるものは、逆らいがたい恐慌の風の下で体を曲げ、他のものは身動きもせずほとんど皮肉な様子だが、とにかくすべては強力な暗合の調和に従い、その調和こそ外面化された自然の精神だと思われる。

さらに〈混沌〉という観念、〈不可思議〉という、あるいは〈平衡〉という観念もある。〈言葉〉の無能力についての観念さえ一つ二つある。この最高度に物質的で無軌道な絵は、我々に言葉の無益なことを証明しているように見える。

とにかく私が言いたいのは、この絵こそ、もし演劇が自分に属した言語を話すことを知ったなら、そうなるはずの姿そのものだということである。

そこで、次のような疑問を提出しよう。

どうして演劇では、少なくとも我々がヨーロッパで、さらに西洋で知っている演劇では、とくに演劇的なものすべて、すなわち言葉や単語による表現に従わないものすべて、あるいは対話のなかに含まれないものすべてといってもよいが（対話そのものが舞台における音声化の可能性と要求に関連して考えられる場合は別だが）、それらのすべてが二義的に扱われるのだろうか。

そもそも、どうして西洋演劇は（西洋と断わるのは、幸いにして他の演劇、たとえば東洋の演劇のように演劇の観念を無傷に保ちつづけた演劇があるからである。それにひきかえ西洋では、この観念も——他のものすべてと同様——身売りしてしまった）、どうして西洋演劇は、演劇を対話劇という観点以外から見ようとしないのだろうか。

対話は——書かれ話されるものであり——舞台にとくに属してはいない。本に属している。その証拠に文学史の入門書のなかでは、演劇は分節言語の歴史の一枝葉としての場所を与えられている。

私が言いたいのは、舞台というのは物理的で具体的な場所であって、その場所を満たすこと、その場所にその具体的な言語を語らせることが求められているということである。

さらに言いたいのは、この具体的言語は五官に訴えるためのものであり、言葉に従属せず、したがって、まず感覚を満足させるべきだということである。言語のために詩があるように、感覚のためにも詩はある。だから、私の言っている物理的で具体的な言語も、真に演劇的であるかどうかは、それが表現する思想がどれだけ分節言語から解き放たれているかによる。

人は訊ねるだろう、言葉が表わせない思想、言葉より舞台の具体的物理的言語のなかに遥かによく理想的な表現を発見できるような思想とは、一体どんなものなのだと。

だが、その疑問にはあとで答えよう。

最も急を要すると思われるのは、演劇を言葉と区別する物理的言語、物質的で固体の言語が何からできているかを決定することだ。

それは、舞台に場を占めるものすべて、舞台の上に物質的に表われ、表現を行なえるものすべてからなりたっている。言葉の言語がまず精神に呼びかけるのにひきかえ、感覚に語りかけるものすべてである（語もまた音声化の可能性を持ち、自らを空間に投影するための抑揚と呼ばれる方法を持っていることは私も承知している。そして、演劇における抑揚の具体的価値については言うべきことも非常に多い。語もまた、どのように発音されるかによって、その具体的な意味から離れて、時には意味に反してまで、一つの音楽を創造する能力を持っている。――言語の裏に、印象とか、照応とか、類似とかの地下水を創造する。だが言語をこのように考える演劇の方式は劇作家にとってすでに言語の附随的な一面にすぎず、とくに今日においては、劇作家は自分の戯曲の構築の際にそれを少しも考えに入れない。だから、それは問題にならない）。

感覚のための言語は、まず感覚を満足させなければならないことはもちろんだが、次に、あらゆる知的成果を、可能な限りの次元で、あらゆる方向に発展させることを妨げない。それは、言語の詩を空間の詩に置き換えることを許す。そして空間の詩は、まさに語のみに属するのでない分野にこそ溶け込むことができるのである。

私の言うことをよりよくわかってもらうためには、この空間の詩の幾つかの実例を引いたほうがよいだろう。空間の詩も、語のイメージに当たる物質的イメージの数々の種類を創造することができる。その例をのちに述べよう。

この難しく複雑な詩は、さまざまな側面を装う。まず、舞台で用いられるすべての表現手段という側面がある。*たとえば、音楽、舞踊、造型、パントマイム、物真似、身振り、抑揚、建築、照明、装置などである。

＊原註

それらの表現手段が、舞台の提供する即時的で物理的な可能性の数々を利用する能力を持ち、芸術の枯渇した諸形態を生き生きして脅迫的な諸形態に変え、その諸形態によって、演劇の次元で古い儀式的な魔術の意味に新しい現実性を再び与えるということが条件である。つまり、それらの表現手段が舞台の物理的誘惑とでも呼べるようなものに従ったときのことである。

そのおのおのは、個有の、内在的な詩を持っているが、次いで他の表現手段との結びつき方から生まれる一種の皮肉な詩を持つ。これらの結びつきや、互いの反応、相互破壊の結果は容易に認められよう。

この詩についてはのちにも述べるが、それは具体的で、つまり、舞台上に行動として存在して客観的に何かを生産しない限り完全な効果を発揮しない。——たとえばバリ島の演劇では、一つの音が、一つの動作と同価値で、思想の背景とか伴奏となるのではなく、むしろ、思想を進展させ、導き、時には破壊し、決定的に変化させるというようなことである。

この空間における詩の一つの形態は——すべての芸術に見られるような、線とか形とか色とか自然のままの状態の事物とかの結合によって創り出される形態とは別に——記号による言語に属している。そこで、しばらく、言葉から離れた純粋な演劇的言語の別の一面であるこの記号による言語、身振りと態度による言語について話すのをお許し願いたい。その身振りとか態度は、堕落していない幾らかのパントマイムでは、表意的なある価値を持っている。

私が「堕落していないパントマイム」と考えるのは、身振りが単語や文章を表わすものではない。我々ヨーロッパの〈パントマイム〉は、古いといってもわずか五〇年そこそこの歴史しか持たず、イタリア喜劇の無言の部分の変形にすぎないから、その身振りは単語や文章の代わりでしかない。それにひきかえ、ここで言うのは、思想や精神の態度や自然のさまざまな様態を表わす直接的な〈パントマイム〉のことである。それも、実際的で具体的な流儀によっている。つまり、東洋の言語が夜を表わすのに、すでに片方の目を閉じ、もう一方の目も閉じ始めている小鳥のとまっている一本の木によるように、常に自然の事物や細部を連想させることによっている。また、ある別の抽象的な観念や精神の態度は、聖書に見られる数え切れないほどの象徴の幾つか、たとえば、ラクダが通れない針の穴といった類によって表わされるだろう。

これらの記号が、まさに象形文字の数々を構成していることがわかる。そこでは、人間もそれらの象形文字の形成に貢献する限り他の形態と同様の一つの形態にすぎないが、ただ、人間はその二重性によって、その形態に特別な威信を与えるのだ。

このような記号による言語が、精神に、自然の（あるいは精神的な）強烈な詩情のイメージを与えることを考えれば、演劇において、分節言語から独立した空間の詩がどんなものででありうるかを思わせるのに充分だ。

この言語とその詩情がどうであれ、私が注目するのは、言葉の独占的支配下に生きている我々の演劇ではこのような記号と身振りの言語、この沈黙のパントマイム、これらの態度、空間のなかでの動作、事物としての抑揚、つまり私が演劇のなかでとくに演劇的と考えるすべて、そうしたすべての要素を、それが台本の外に存在するとき、誰もかれもが演劇の低俗な部分と考えているということである。人はいい加減にそれを「芸」と呼び、演出とか「舞台化」という言葉で理解しているものと混同する。しかも演出という言葉が、衣裳とか照明とか装置だけに関する外面的で技術的な華々しさと結びつけられていないとしたらまだしも幸いと言わなければならない。

このような見方は、少なくとも私にはまったく西洋的というか、むしろラテン的というか、つまりは依怙地な見方だと思われる。私はそれとは反対に、この言語が舞台から発し、舞台の上での自発的な創造によって効力を発揮し、語を通らず直接舞台に戦いを挑む程度に応じて（直接舞台の上で構成され、舞台の上で上演される芝居を想像できないことはない）——演出こそ、書かれ話される戯曲より、遥かに演劇なのだと言いたい。私と反対の見解のどこがラテン的なのかはっきりしろと人は迫るに違いないが、言葉を使って明瞭な観念を表現したいという欲求、それがラテン的ではないか。だが、私にとっては、明瞭な観念などというものは演劇においてばかりでなく、他のどんなところでも死んでしまった、もはや終わってしまった観念なのだ。

上演するうえで舞台の数々の障碍にぶつかりながらも直接舞台から生まれる芝居という考え方は、行動的な言語の発見を要求する。行動的で無軌道で、感情や語の習慣的な限界を放棄した言語を要求する。

とにかく、ここでただちに言っておきたいのは、演出と舞台化を、すなわち演劇のなかでとくに演劇的なものを台本に従属させるような演劇は、白痴の演劇であり、狂気の、性倒錯の、文法学者の、乾物屋の、反詩人の、実証主義者の、つまりは西洋的な演劇だということである。

もちろん、私も、身振りと態度の言語が、舞踊が、音楽が、一つの性格を明らかにしたり、一登場人物の人間的な思想を物語ったり、明瞭正確な意識の状態を述べたりするには、言葉による言語ほどの力を持っていないことは承知している。だが、演劇が性格を明らかにしたり、我々の現代演劇に満ちあふれている人間的感情的次元、時事的心理的次元の対立を解決するためのものだなどと誰が決めたのだろうか。

今日ここでの演劇を見ている限り、まるで人生には、上手く接吻するにはどうすればよいか、戦争をしようかしまいか、平和を守るほど我々は臆病なのか、どんなふうに我々のけちな道徳的苦悩とやらと折り合いをつけるか、我々の「コンプレックス」（これは学問的な術語としてだが）を意識できるか、それとも「コンプレックス」のほうが我々の息の根を止めるか、などという疑問に答える以外に問題がないかのようである。我々の演劇では、議論が社会的な次元にまで高められて社会的道徳的システムの批判が企てられることさえ非常にまれである。まして、社会的道徳的システムそのものがあるいは不公正ではないのか、などと考えてみるところまではとてもいかない。

私に言わせれば、現在の社会状態はまさに不公正であって、破壊したほうがよい。それに関わるのは演劇よりも機関銃の役割には違いない。だが、現在の演劇は、充分に核心を突き効果的にこの問題を提起することさえできない。もっとも、たとえそれができたとしても、やはりまだ演劇の目的からは外れてしまうだろう。演劇の目的は、もっと高度で、もっと秘やかなものだと思うからである。

右に列挙したすべての関心事は、いずれも信じられないほど人間の悪臭に満ちている。一時的で物質的な人間、もっと言うなら腐った人間の悪臭だ。こうした関心事には、こと私に関する限り、吐き気を催す。最高度に不快だ。したがって、ほとんどすべての現代演劇はあまりに人間臭く、反詩的で、三、四本の戯曲を例外として、私には頽廃と血膿の臭いしか感じられない。

現代演劇が頽廃しているのは、それが一方では真面目さの、また他方では笑いの感覚を失ったからである。深刻さと、直接的で有害な有効性と――すっかり言ってしまえば、〈危険〉と手を切ってしまったからである。

他方では、真のユーモアの感覚、笑いの持つ生理的で無軌道な解体の力を失ってしまったからである。

あらゆる詩情の基盤にある深い無軌道な精神と別れてしまったからである。

ある事物の用途とか自然の形態の意味や利用は、すべて約束事と習慣にすぎないということを認めなければならないのである。

たとえば、自然は一本の木に木の形を与えた。だがその時、木に動物か丘の形を与えてもよかった。そうすれば動物や丘の前で我々は木だと考えて、それで辻褄は合ったはずである。

美しい女は、調和のとれた声を持っていることになっている。だが、もし世界の始まりから、美しい女たちがみんなラッパのような声で呼びかけ、象のようなうめき声で挨拶するのを聞いてきたとしたら、我々は、そのうめき声と美しい女の観念とを永遠に結びつけてしまっただろう。そして、我々の内部の世界観は、少なくともその一部分がまったく異なっていたことだろう。

このことから、詩はそれが、事物と事物との関係、形態と意味との関係すべてをあらためて問題にしなおす程度に応じて、無軌道であるということがわかる。さらに詩は、その出現が我々を混沌に近づけてくれるようなある混乱の結果である程度に応じて、無軌道なのである。

これ以上、別の例を挙げるまでもないだろう。それは無限に見つかる。そしてそれは、今私が挙げたような滑稽なものばかりとは限らない。

演劇的には、これら形態の逆転や意味の転位はユーモアに満ちた空間の詩の本質的な要素となりうる。そして、それは演出だけにまかされた仕事なのである。

マルクス兄弟の映画のなかで、ある男が、女を両腕で抱きとめたつもりで、牝牛を抱えてしまうところがある。牝牛はモーッと鳴く。そして、ここで話すには長すぎるが、その場の状況から、その鳴き声はどんな女の叫び声にもひけを取らないほどの知的な品位を持つのである。

このような状況は、映画ばかりでなく演劇でもそのまま可能である。ちょっと手を加えただけで、たとえば牝牛を生きているマネキン人形に変えるとか、言葉を喋れる一種の怪物にするとか、動物に変装した人間にやらせるとかしただけで、ユーモアを基盤とした事物の詩の神秘を再発見できる。ところが、演劇はそれを捨て、〈ミュージックホール〉に払い下げ、それを今度は〈映画〉が利用している。

先ほど私は危険について話したが、この危険という観念を舞台において最もよく実現するはずなのは、事物の意外さである。状況の意外さではなくて、品物のなかにあるそれである。

頭のなかで考えられていたあるイメージが、思いがけないときにいきなり、本当のイメージに移ることである。たとえば、ある男が冒瀆の言葉を吐くと、いきなり自分の目の前に、その冒瀆のイメージが現実の描線となって物質化するのが見えるというようなことである（もっとも、そのイメージがまったく無償ではなく、それがさらに、同じような精神の別のイメージを生み出していくことが条件だということを付け加えておこう）。

もう一つの例は、木や布地を寄せ集めて作られたある架空の〈存在〉の出現である。それは何を表わすでもないが、人に不安を与える本性を持ち、昔の演劇のすべての基盤にあるあの形而上的恐怖の片隣を再び舞台上に持ち込むことができる。

バリ島の人びとは、他の東洋人たちと同様に、彼らの架空の龍によってあの神秘な恐怖感を失わずにすんだ。彼らは、本当の次元に置かれた演劇ではこの神秘な恐怖こそ最も行動的な（そして本質的な）要素の一つであることを知っているのである。

なぜなら、人が望もうと望むまいと、本当の詩は形而上的であり、さらに言えば形而上的射程、形而上的効力の程度こそ、その詩のすべての真の価値をなすからである。

これで私はもはや二度も三度も形而上的という言葉を持ち出している。先に心理学について死んでしまった観念だと述べたが、きっと多くの人は、もしこの世界に非人間的で無効で死滅し精神にとってさえほとんど何の意味もない観念があるとしたら、それこそまさに形而上的という観念ではないかと言いたいだろう。

だがそれは、ルネ・ゲノンも言ったように、「我々の純粋に西洋的な考え方、諸原理を、（それに相応した活力的で実質的な精神状態の外で）考える我々の反詩的で欠陥だらけの態度」からきている。

心理的傾向の西洋演劇に反して形而上的傾向の東洋演劇では、身振りや記号や態度や音響のぎっしり詰まった塊が上演と舞台の言語を形成し、その言語は意識のすべての次元すべての方向で生理的で詩的な効果を発揮し、思想を必然的に導いて、行動する形而上学とでも呼びうる深遠な態度をとらせるのである。

この点についてはあとでまた述べるとして、まず、既成の演劇に話を戻そう。

数日前、私は演劇についてのある論争に加わった。そこでは、劇作家という別名を持つさまざまな種類の蛇男たちが、まるで敵の耳へ毒を注いだ歴史上の人物たちよろしく、劇場支配人に戯曲をこっそり売り込む方法ばかりを次から次へと私に説明するのを目の当たりにした。だが、議題は確か演劇の未来の方向、言葉を換えれば、その運命を決定するということであったはずなのだ。

結局、何一つ決定などしなかったし、そもそも、始めから終わりまで演劇の本当の運命、つまりその定義からも本質からも演劇が上演すべく定められているものについては、また、そのために演劇がどのような手段を持っているかについては問題にされなかった。それどころか、この時の議論を聞いていると、私には、演劇が急に一種の凍えきった世界と思われてきてしまった。役者たちはもはや何の役にも立たない身振りにがんじがらめになり、空中に飛び出したときはしっかりしていた抑揚も落ちてきたときは粉々に砕け、音楽は一種の数字の配列に帰してその記号も消えかけ、さまざまな光の氾濫も凝固していたずらに運動のあとを追い——そしてそのまわりには、燕尾服を着た男たちが白熱化した切符売場の足下で収入印紙を奪い合いながら、蝶々のように飛びまわっている。まるで演劇という仕掛けが、すべて、それを取り巻くものだけになってしまったようだ。そして演劇がそれを取り巻くものだけに、もはや演劇ではないものだけになってしまったからこそ、その雰囲気が、趣味のよい人びとの鼻には悪臭としか受け取れないのである。

だが、私にとっては、演劇は上演の持つ数々の可能性と区別できない。ただし、その上演の可能性が、極度の詩的効果を引き出すために使われた場合のことである。そして、演劇における上演の可能性はすべて演出の分野に属する。空間における、運動中の言語として考えられた演出の分野に属するのである。

ところが、上演の種々の手段から極度に詩的な効果を引き出すとは、つまりはそれらの手段の形而上学を作り出すことである。問題をこのように考えることについては、誰も異論のないことと思う。

そして、演劇的観点から言語や身振りや態度や装置や音楽などの形而上学を作るというのは、それらを、時間と運動とのめぐり合いの仕方すべてとの関連において見ていくことだと思う。

一つの身振り、一つの音の響き、一つの抑揚が、空間のある場所で、ある時間に、ある程度に強調される。そのさまざまな仕方から一つの詩が生まれる。だがその客観的な実例を示すのは、一つの音の特徴や生理的苦痛の性質や程度を言葉で他人に伝えようとするのと同じで、非常に難しい。それは上演に結びついていて、舞台の上でしかはっきりしてこない。

ここで、本来なら、演劇（あるいは演出と言ってもよい。私の今まで述べてきた論法ではこの二つは溶け合っているものなのである）が含んでいるすべての表現手段を検討してみなければならないところだが、あまりに長くなるので、ここでは、ほんの一、二の例を引こう。

まず、分節言語である。

分節言語の形而上学を作るとは、それが通常表現しないことを表現するために使うということである。新しくて例外的で習慣に反した仕方で使うことである。言語に生理的動揺を惹き起こす力を返し、言語を分割して空間のなかに行動的にばらまき、絶対的で具体的な方法で抑揚をとり、何かを実際に引き裂き明示する力を返すことである。低俗で功利的で、いわば食物的とも言える言語とその起源に反抗し、罠にかかった動物のようなその性根を叩きなおすことである。つまり、言語を〈呪文（アンカンタシオン）〉の形式の下に考えるということである。

このように、舞台上の表現を詩的行動的に考えれば、すべてが我々を導いて、人間臭く、時事的で、心理的な演劇の解釈に背を向けさせ、我々の演劇がその感覚をすっかり失ってしまった宗教的で神秘的な演劇の解釈を再発見させてくれるだろう。

宗教的とか神秘的という言葉を口にしただけで、文字も読めず、内面的な何物もなく、せいぜい一つ憶《おぼ》えのお経を繰り返すしか能のない牧師の卵か仏寺の小坊主と混同されるとしたら、それはまさに我々が、一つの言葉からあらゆる結果を導き出すことができなくなり、総合と類似の精神についてまったく無知であることの証拠でしかない。

それはたぶん、今日のような状態では、我々が真の演劇との接触を失っているということだろう。なぜなら、我々は演劇を日常的な意識で充分達しうる既知あるいは未知の分野に閉じ込めているからである。——たとえ演劇的に無意識の世界に呼びかけることがあっても、そこから汲み取るのは、すでに日常生活のなかで誰にも憶えのある経験から無意識が集めた(あるいは隠した)ものにすぎない。

人は言うかもしれない、確かに、バリ島の演劇をはじめとする東洋の演劇のある種の上演は、精神に働きかける生理的効果、直接的で映像化された力を持っているだろうが、その理由の一つは、このような演劇が何千年もの伝統に従って、身振りや抑揚や調和を、あらゆる次元で五官との関連において利用していく秘密を無傷に保ちつづけられたからだと。——だが、それは東洋の演劇を断罪したことにはならないで、むしろ、我々が裁かれているのである。それとともに、我々が生きているこの現状が裁かれているのである。我々は、あらゆる次元、あらゆる程度において、思想の自由な駆使を妨げているこの現状を、懸命に、悪意をもって破壊しなければならないのである。

訳註

（1）これは一九三一年十二月十日にソルボンヌで行なった講演の原稿でありのちに『新フランス評論』誌一九三二年二月一日号（二二一号）に掲載されたものの再録である。なお、講演の原稿では題名は「絵画」であった。

（2）どの版もここではライデンとなっているが、原書の他の箇所ではライデとなっている（本書一九九頁参照）。

錬金術的演劇（1）

演劇の原理と錬金術の原理には、不思議な本質的同一性がある。つまり、演劇も錬金術もその原理、底に流れるものを考えると、一定数の基礎に結びつけられている。そして、その基礎は、あらゆる芸術にとって同じであり、物理の分野で実際に金を作り出すのと類似した効果を、精神的な想像力の世界で目指しているのである。だがそればかりでなく、演劇と錬金術の間には、さらに高度で、形而上学的に遥かに重要な相似がある。それは、錬金術も演劇も、ともに、いわば潜在的でそれ自身のなかに目的ばかりか現実性さえ持っていない技術、ないしは芸術だということである。

錬金術がその象徴の数々によって現実の物質の次元でしか効力を持たないある操作の精神的な〈分身〉であるように、演劇もまた、ある危険で典型的な現実の〈分身〉として考えられなければならない。演劇は次第に日常的で直接的な現実の無気力な模写にすぎなくなってきているが、ここで言うのはそれとは別の現実であって、そこでは〈数々の原理〉がまるでイルカのように、ちょっと顔を出してはたちまち海の暗闇のなかに帰っていく。

この現実は人間的ではない。非人間的である。そこでは人間はその習慣その性格とともにほとんど問題にならない。やっと頭だけが残っているかどうかで、それも完全にむきだしでぐにゃっとした器官としての一種の頭である。形ある物質としてそこに残されているのは、種々の原理がその効果を完全に感覚的に発揮するのに充分なだけのものでしかない。

それに、話を進める前にここで注目しておかねばならないのは、錬金術的な題材を扱った本が、不思議なことに、いずれも演劇の術語に対して近親感を示している点である。まるで著者たちはそもそもの始まりから、錬金術の記号の全系列のなかにある再現的なもの、すなわち演劇的なものを充分に感じていたかのようである。〈化金の術〉も、それが現実的物質的に実現する前に、これらの記号によって精神的に実現する。未熟なものがその操作に迷い、道を誤るのもその再現性のためであり、単に人間的な手段によってこの術を行なおうとする人びとが通らざるをえないあらゆる錯覚、幻影、幻覚、蜃気楼、夢幻などを、ほとんど

「弁証法的」に列挙していることにもそれは現われている。

真の錬金術師たちはみな、錬金術の記号が演劇と同じく、一つの蜃気楼であることを承知しているのである。そしてほとんどすべての錬金術の書物に演劇の諸事象と原則についての絶え間ない暗喩が見出されるということは、登場人物とか事物とか映像とか、一般的に言えば演劇の仮想的な現実を作り上げているすべてのものが活躍する次元と、錬金術の記号が活躍するまったく仮定的で幻覚的な次元との間に、同一性の感覚を抱いていたためと理解されなければならない（錬金術師たちは感覚というものを極度に意識していた）。

これらの数々の記号、それは物質の哲学的状態とでも呼べるものを表わしている。そして、精神をたちまち、自然界の分子のあの火と燃える純化への、あの統一への、あの恐ろしく単純化され純粋な意味での蕩尽への道に足を踏み出させる。それは、極度な簡素化によって固体を精神的な均衡線に従って考え直し、再構成することを可能にするような術への道である。そこでついには固体が金に還元するのである。この神秘的な作業を示すのに使われる物質的な象徴主義が精神の内部ではそれと平行する象徴主義と、観念と外見との作品化とどれほど対応しているかを人は充分理解していない。そして実は、それによってこそ、演劇のなかで演劇的なものすべてが示され、哲学的に明らかになるのである。

この点をさらに説明しよう。すでにおわかりかもしれないが、ここで話している演劇とは、あの社会的時事的な演劇ではない。そうした種類の演劇は時代によって変化し、演劇が起源においてその生命とした観念を失っている。それらの観念はわずかに身振りのカリカチュアのなかにその名残りをとどめているが、それも意味があまりに変わってしまったので、今では見分けがたくなっている。典型的で原始的な演劇の観念も、言葉についてのそれと同じく、時とともに具体的なイメージを失い、精神にとって拡大の手段であるどころか、今では行き詰まりであり墓場であるにすぎない。

したがって、まず、典型的な原始的な演劇とは何かということを定義しておくことが求められるだろう。そして、それによって我々は問題の核心に入ることになる。

事実、演劇の諸起源と存在理由（あるいは根元的必要性）は何かと考えるとき、一方では形而上学的に、一種の本質的なドラマの物質化、あるいはむしろ外面化という答が見つかる。本質的なドラマとは、あらゆるドラマの本質的諸原理を、多様であると同時に唯一の方式で含んでいるものと考えられる。さらに、その諸原理自体はすでに方向づけられ、分割されてはいるが、それによって原理的性格を失うほどではなく、なお実質的行動的に葛藤の無限の展望を含んでいる、つまり、放雷の可能性にあふれているものであろう。このようなドラマを哲学的に分析することは不可能である。ただ、詩的に、すべての芸術の諸原理からそれらが持つ伝達的なものと磁力的なものを引き出しながら、形とか音とか音楽とか量感とかによって、イメージと類似点のなかにある自然な相似のすべてを通して思い浮かべるしかない。それも、論理的で過剰な主知主義によって無用に図式化されてしまう精神の根源的な方向を想像するのではなく、音楽や形態の激動を通して、決定的で危険な、ある混沌の地下からの脅迫を感じさせるほどの強烈な尖鋭さ、絶対的な鋭利さの諸状態と考えられなければならない。

　この本質的ドラマは確かに存在する。それは充分に感じられる。それは〈世界創造〉そのもの以上に微妙な何物かの姿に似て、いわば唯一の——葛藤のない——ある〈意志〉の結果として思い浮かべなければならない。

　すべての〈大秘法〉の基盤には本質的ドラマが存在したのであり、それは〈創造〉の第二段階と合致すると信じなければならない。そしてこの第二段階は、困難と〈分身〉の、物質と観念

の濃密化の時期である

単純と秩序が支配しているところでは演劇もドラマもありえないと思われる。本当の演劇は詩と同様に、しかし別の道を辿って、哲学的な闘争のあとに形づくられる一つの無秩序から生まれる。この哲学的闘争という原始的統一の一側面は、我々の情熱をそそる。

沸騰した〈宇宙〉のこれらの葛藤は、哲学的には変質し不純な状態でしか我々に与えられない。ところが錬金術はそれらの葛藤が持つ厳密な知性を示してくれる。なぜなら錬金術は、練られ方熱し方が不充分なすべての形を丹念に熱心に磨りつぶすことによって、だがドラマによって、崇高なものに再び達することを我々に許してくれるからであり、また、この世に存在する物質のすべての流れを辿りすべての土台を探り、さらに、未来という白熱した冥府のなかでこの二重の仕事をやりとげたあとでなければ精神に飛躍を許さないというのが錬金術の原則そのものだからである。物質的な金に値するためには、まず精神がもう一つの金に値することを、そして、もう一つの金に達しそれを手に入れるには、それを認めそれを転落の第二の象徴と考えるしか方法がなく、その転落は光そのもの、稀なもの、これ以上還元できないものの表現を、確実に目に見える形で再発見するためだったことを証明しなければならないかのようである。

同じく、演劇という操作が金を生み出すためには、莫大な葛藤を惹き起こし、数限りない力を互いに対立させ、予想外の結果にあふれ精神性を過剰に詰めこんだ、一種の本質的攪拌に訴えてそれらの力を煽り立て、最終的に精神に抽象的絶対的な純粋性を呼び覚まさなければならない。この純粋性のあとにはもはや何もなく、それは唯一の音符、空中で素早く捕らえられた一種の極限の音符であって、描写不能なある振動の有機的部分といってよいだろう。

プラトンを屈服させた〈オルフェウスの秘儀〉(2)は、精神的心理的な面で、錬金術的演劇の超越的決定的な側面を幾らかそなえていたのだろう。それは、物質の上澄みをとって移し変える手段を精神に与える錬金術の諸記号とは逆方向に、異常な心理的密度の諸要素によって、精神による物質の灼熱的決定的な移し変えを目の当たりに見せたのだろう。

〈エレウシスの秘儀〉が舞台にかけるのは幾つかの精神的真実に限られていたと我々は教えられている。だが私は、むしろそこではさまざまな葛藤の噴出と激流、諸原則の描写不能な闘争が、めくるめき、今にも滑り落ちそうな、すべての真実が失われそうな角度から描かれ、抽象と具体が錯綜した唯一の融合を実現されたはずだと信じる。そして我々がその観念まで失ってしまった器楽とその数々の音調、色と形の組み合わせによって、その秘儀は一方では純粋美の郷愁に答え、プラトンもこの世で少なくとも一度は、響き高く、流れるような、簡素な、完璧な純粋美の実現に立ち会えたのだろう。しかし他方では、目覚めているときの人間の脳髄にとっては想像もできない奇怪な数々の結合によって、物質と精神、思想と形式、具体と抽象の対立によって生じる葛藤のすべてを解決し、さらには消滅させ、すべての現象をただ一つの表現に融合したのだと思う。そして、それこそまさに、精神化された金だったのだろう。

訳註

（1）一九三二年ブエノスアイレスで『シュール』誌にスペイン語に訳され発表されたものの再録。フランス語原稿には「一九三二年九月パリにて」という記載がある。最初は同年三月頃、シュペルヴィエルへの書簡の形式で書き始められたらしい。

（2）オルフェウスのものとされている神秘への入門の讃歌。金羊毛や錬金術についての記述が含まれている。

バリ島の演劇について

バリ島の演劇は舞踊と歌唱とパントマイムと音楽の血を受け継いでいて、ここヨーロッパで我々が理解している意味での心理劇の要素は極端に少ない。その初めての上演は、演劇をその自律的で純粋な創造の次元、幻覚と恐怖の角度の下に再び置くものである。

番組を構成する幾つかの小戯曲のうちの最初のもので、我々はさまざまなしきたりに反抗する娘に父親が叱言を言う場面に立ち合うが、それが幽霊たちの出現によって始められるということは注目に値する。あるいは劇的だが親しみやすいこの題材の発展に役立つ登場人物、男や女たちが、まず、登場人物という幽霊のような状態で現われると言ってもよい。そして、このように、幻覚という角度から見られるということこそ、演劇のすべての登場人物の特性であり、登場人物たちは、その後に初めて、この種の象徴的なスケッチの劇的状況が発展するのを許すのである。それに、ここでは状況は口実にすぎない。劇は感情の対立によって進展するのではなく、数々の精神状態の間で発展していく。そしてその精神状態自体も骨組みだけにされ、身振りだけで表わされる。――つまり図式化されている。結局、バリ島の人びとは、最も極端な厳密さをもって純粋演劇という観念を現実化している。そこではすべてが、発想も実現も、舞台上での客観化の度合いに応じてしか価値もないし、存在さえしない。バリ島の人びとは、演出家の絶対的な優位と、その創造力が言葉を排除することを誇らかに証明しているのである。主題は漠然とし抽象的で極端に一般的である。ただ舞台上のあらゆる技巧の複雑な密集だけが、それらの主題に生命を与えている。この舞台上の諸技巧が、我々の精神に、身振りや声の新しい使い方から引き出される一つの形而上学の観念を植えつけるのである。

事実、奇妙なのは、あのすべての身振り、ごつごつしていきなり途切れる態度、喉の奥からしぼり出される小刻みの抑揚、急変する音楽的なフレーズ、鞘羽根の飛翔、小枝のざわめき、くりぬき太鼓の響き、あのロボットの軋《きし》み、命を与えられたマネキン人形の踊りのなかで、身振りと態度と、空に向かって投げられる叫びの迷路を通して、舞台空間のいかなる部分も使わずにはおかない動きの進展とカーヴを通して、もはや言葉ではなく、記号を基盤とした新しい物理的な言語が生まれ出てくることなのである。俳優たちは幾何学的な衣裳をつけて、生きている象形文字のようだ。彼らの衣裳の形までが人間の背丈の軸を変えてしまって、恍惚状態と果てしない戦争状態にある戦士たちの衣服の傍らに、さまざまな種類の象徴的な衣装、第二の衣装を創造する。それらの衣服はある知的な観念を呼び起こし、その線のあらゆる交錯によって、空間のパースペクティヴのすべての交錯と結びつく。これらの精神的な記号は明確な意味を持っている。それはもはや我々の直感に訴えるだけだが、それでいてその激しさゆえに、いかなる論理的推論的な言葉への翻訳も不用となる。頑固なリアリズム信奉者たちは、あの不可解で思想に背を向けた態度への絶え間ない暗示には疲れ果てるだろうが、そうした人びとのためにも、彼岸からのさまざまな出現に驚く分身の素晴らしくリアルな演技が残されている。あの身震い、子供っぽい金切声、猛り狂う無意識に従って自動的に拍子をとって地を蹴る踵、そして、ある瞬間に自分自身の現実の後ろに身を隠すあの分身、それこそ、世界中に通用する恐怖の描写であり、また、東洋人たちが超人間的なものばかりでなく人間的なものを表現するのにも、現実的という点で我々に勝っていることを示している。

バリ島の人びとは、人生のあらゆる場合に当てはまる動作と身振りのヴァリエーションを持ち、演劇的な約束事に高い価値を再び与えている。彼らは正しく習得した一定数の約束事が、それが絶妙に応用された場合はとくに、どれほどの効果と高度に実践的な価値を持ちうるかを我々に証明してくれる。非の打ちどころのないこの舞台芸術を前にして我々の感じる喜びの一つの原因は、まさに、俳優たちが一定量の確実な動作と練り上げられた身振りを適切なときに利用することにあるが、さらに魅力的なのは、これらの表現術や効果的な記号を生み出すときに支配していた精神的な肉づけの努力と、陰影に富んだ深い研究である。その効果は何千年来失われることがなかったという印象を与える。機械的な目の動き、唇の突き出し、適当な筋肉の硬直、それらが系統的に計算された効果を上げ、自発的な即興性には少しも手を借りない。まるで敷居のなかを滑るように一方の肩から他方の肩に移る頭の水平運動など、それらすべてが、即座に心理的必要性に応え、さらに一種の精神的建築に呼応している。動作と身振りばかりでなく、あるリズムの持つ喚起的な力や、ある体の動きの持つ音楽的性質や、ある音調の平行的で見事に溶け合った和音などがこの精神的建築を作り上げている。それは舞台での自由と自発的な発想を大切にするヨーロッパ的感覚とは相容れないかもしれない。しかしだからといって、この計算がただちに味気なさや単調さを生むと考えてはならない。それどころか素晴らしいことに、実に細かく驚くほど意識的に整えられたこの舞台からは、豊かさとファンテジーと惜しみない贅沢三昧の感覚があふれ出してくる。そして、視覚から聴覚へ、知的なものから感性的なものへ、一人物の動作から一植物の動きの喚起への交感が、一つの楽器の叫びにつれて絶え間なく、否応なく噴出する。声帯の震動に管楽器の溜息が続くとき、その両方があまりに同一の感覚を持つので、続いているのが声なのか、それとも感覚が始めから声を呑み込んでしまっていたのかわからなくなる。ある関節の動き、たとえば腕と二の腕の作り出す音楽的な角度、落ちる足先、弓なりに曲がる膝、手から離れてしまったかのような指、それらすべては、我々の目にまるで鏡のような効果を絶え間なく与える。人間の四肢が木霊《こだま》を返し合い、音楽を送り合い、管弦楽の数々の音、管楽器の吹奏が巨大な鳥小屋を思わせ、俳優たちはそのなかで蝶のように舞っているかに思えてくる。このような動作による形而上学という観念を一度も持ったことがなく、これほど直接的で具体的な劇的目的に音楽を使うことを一度も知らなかった我々の演劇、まったく言語的で、演劇を作り出すすべて、すなわち舞台の空気のなかにあり、空気によって計られ捕らえられるもの、空間のなかで密度を持つもの、運動、形態、色彩、震動、態度、叫びなどをまったく知らない我々の演劇は、計りしれないもの、精神の暗示力に由来するものを考慮に入れるときには、バリ島の演劇に精神性についての教えを請うべきだろう。この純粋に民衆的だが宗教的ではない演劇は、それを生んだ民族の知的水準の驚くべき高さを示している。彼らは、その公衆としての楽しみの基盤に彼岸の亡霊や怨霊に憑かれた魂の戦いを置いているのである。なぜなら今度の演目の最後の部分では、結局、純粋に内的な戦いが問題だからだ。ついでに言えば、その戦いにバリ島の人びとが与えた劇的壮大さの程度は注目に値する。そこに現われる舞台の造型的必然性の感覚に比すべきものは、彼らの肉体的恐怖についての知識と、それを解き放つ方法以外にはない。そして、彼らの悪魔（おそらくチベット系だが）のまったく戦慄的な様相は、我々の思い出のなかのある種の操り人形の容姿と驚くほど似ている。白いゼラチンの膨らんだ両手や緑の葉でできた爪など、それはアルフレッド・ジャリ劇場で上演された初期の戯曲の一つの最も美しい飾りでもあったものである。

正面から近づくことのできない何ものか、それがこの上演である。それはさまざまな印象をふんだんに使って我々に襲いかかってくる。それらの印象は負けず劣らず豊かで、それぞれある言語を持つが、それを解く鍵を我々は持ち合わせていないように思われる。しかも、糸口を見つけること、獲物をつかむこと——よく聴くために楽器に耳を近づけることもできないという苛立ちがかえって一つの魅力となるのもこの上演の功績である。ある言語と言うとき、それは、俳優たちが話す、すぐには理解できないバリ島固有の言葉のことではない。すべての話される言葉の外にある演劇的言語のことである。そこには莫大な舞台経験の成果が盛り込まれ、それと較べるとき、もっぱら対話に頼る我々の演劇は子供の片言のように思われてくるのである。

事実、この上演で最も驚くのは——それが我々の西洋的演劇観をはぐらかすのにあまりに恰好なので、これまでフランスで見る機会のあった最も美しい純粋演劇の表現であるのに、多くの人は演劇的価値をまったく否定するだろうが――我々ヨーロッパ人が最も驚き困惑するのは、諸動作の緊密で微妙な綾のなかに、無限に変化する声の抑揚のなかに、広大な森に降り注ぐ雨とその雫のような打楽器の音のなかに、数々の動きの響きわたる編み模様のなかに、素晴らしい知性が至るところで火花を散らしていると感じられる点である。一つの動作から一つの叫び、あるいは一つの音への移行がない。つまり、すべてが精神に直《じか》に掘られた奇妙な運河を通じて呼応し合っているのである！

そこには、一連の儀式的な動作の蓄積がある。我々はそれを解く鍵を持っていないが、それらの動作は極端に明確で音楽的な定めに従っているように思われる。ただその定めには普通には音楽に属していない何か、思想を包み込み、追い立て、迷路のようだが確実な網のなかへ導くような何かが加わっている。事実、この演劇ではすべてが感嘆すべき数学的精密さによって計算し尽くされている。何一つ、偶然や個人的な思いつきにまかされることはない。それは一種の高度な舞踊であり、そこでは舞踊家が何よりもまず俳優なのである。

俳優たちは絶えず慎重な足取りで、一種の挽回を果たしているかのように見える。彼らが錯綜した拍子の迷宮の只中に迷い込んでしまったと思われたとき、今にも混乱に呑み込まれそうに感じられたとき、独得な方法で平衡を挽回する。体を特殊な弓なりにし、脚をねじ曲げ、濡れすぎた雑巾を、拍子に合わせて搾《しぼ》ろうとしているかのようである。——そして、最後の三歩で彼らがいやおうなく舞台の中央に戻ったときに中絶していたリズムは完成し、拍子は再び明確となるのである。

このように、彼らのうちではすべてが規定され非個人的である。筋肉の動き一つ、片目の動き一つといえども熟考された計算に属さないものはなく、この計算がすべてを導き、それによってすべてが経過する。そして奇異なことに、この系統的な非個性化のなかで、まるで生身の顔を仮面に変えたかのような、もっぱら筋肉の動きでしかない表情のなかで、すべてが力を発揮し、最大の効果を収めているのである。

これらの機械化された存在を見つめていると一種の恐怖に襲われる。その喜びも悲しみももはや彼ら自身には属さず、彼らは訓練を経た儀式に従っているだけで、高い叡知の意のままになっていると思われてくる。そして、詰まるところ、まさにこの高い叡知のままの〈生命〉という印象こそこの上演の最も驚くべき点である。それは一つの儀式を俗化したかのようである。神聖な儀式の持つ荘厳さをそなえている。——衣裳の宗教的様式は俳優の各々に二重の体、二重の四肢を与える。——衣裳で体を締めつけられた俳優は、もはや彼自身ではなく自分の絵姿にすぎないかのように見える。それに音楽のゆったりとした細かく砕かれたリズムが加わる。——極度に強調され、しかしたどたどしくて壊れやすい音楽、まるで最も貴重な金属を砕くような、自然のままの泉のように湧き出し、植物をつたう虫の果てしない足音を大きくしたような、まるで光そのものの音を捕らえたような、深い孤独の放つ物音が水晶の飛散に帰せられるような音楽……。

それに、これらの音はすべて動きと結びついている。音は動作の自然な完成であるかのようで、動作は音と同じ性質を持つ。そのあまりの音楽的類似に、精神はついにはその両者を混同せざるをえなくなり、管弦楽の発音源が俳優たちの動作にあると——そして、またその逆だと思い込むようになる。

非人間的で、神々しく、奇跡的な啓示の印象は、女たちの髪の形のえも言われぬ美しさからも発散する。積み重ねられた光り輝く輪の連続、鳥の羽根やさまざまな色合いの真珠の組み合わせで作られた光の輪の配色の美しさは、まさにその集合が啓示されたものに思え、その稜線はリズミカルに震えて、体の震動に精神的に呼応しているかのようである。――その他に、祭司の冠のような外見の被りもの、法王冠のようにぴんと立った花の冠毛で飾られたものもある。その花の色合いが互いに反撥し合ったり、奇妙に混じり合ったりする。

この目を射るばかりの全体、外面と内面の知覚のあらゆる方向への噴出と脱出と運河と曲がり道に満ちた全体は、演劇についての一つの高貴な観念を形成している。何世紀もの間守られつづけてきたかに思われるこの観念は、演劇がそうでなくなっては決してならないはずのものを我々に教えてくれる。そしてこの印象は――現地では庶民的で非宗教的なものと思われる――この上演がバリ島の人びとの芸術的感覚のための日々の糧であることによって倍加されるのである。

この上演の驚異的な計算を別にしても、我々にとって最も意外で驚くべきことは、その物質の啓示的側面である。物質がたちまち記号に分散して具体と抽象の形而上学的同一性を教えてくれること、それを継続する諸動作のうちに教えてくれることである。この上演の現実的な側面は確かに我々のところでも発見できる。しかし、ここではそれがn乗され、決定的に様式化されているのである。

・・・・・・・・・・・・・・・・

この演劇では、すべての創造が舞台からやってくる。創造はその表現も起源さえも、語彙以前の〈言葉〉である深奥な心的衝動のうちに発見するのである。

・・・・・・・・・・・・・・・・

それは、作家を除外し、演劇についての西洋的隠語で演出家と呼ばれているものを重視する演劇である。ただし、演出家はここでは一種の魔術の調整者、聖なる儀式の司祭者となる。彼が利用する材料、彼が鼓動させる諸テーマは、彼に属しているのではなく、神々に属している。それらは、分身である〈精神〉が取り計らった〈自然〉の原始的な諸結合に由来するかに思われる。

彼が揺り動かしているのは《顕現されたもの》である。

それは一種の本源的〈物理〉であり、〈精霊〉はそこから決して離れたことがない。

・・・・・・・・・・・・・・・・

バリ島の演劇のようなスペクタクルには、娯楽、つまり演技の人為的で無用な面、我々の演劇の性格である一夜のための演技という面を廃止する何かがある。その上演は、物質や生命や現実の只中で造形されている。そこには宗教行事の儀式的な何か、つまり、それを見つめる人びとの精神から現実の見せかけや馬鹿げた模倣という観念を一掃する何かがある。我々の前で展開するあの錯綜した動作は一つの目的、直接的な目的を持ち、それに向かって効果的な数々の手段が使われる。その有効性は我々にもただちに感じられる。それが目指している思想、それが創り出そうとしている精神状態、それが提案する神秘的な解決策、それらは遅滞なく率直に、かきたてられ、押し上げられ、達せられる。これらすべては、我々の憑きものを《氾濫》させるための悪魔祓いのようである。

・・・・・・・・・・・・・・・・・・・・・・・・・・

この演劇には、本能に属するさまざまなものの重々しいざわめきがある。だがそれらのものは、非常に透明で知的で柔軟な状態にまで導かれているので、物理的な方法で、精神の最も深奥な知覚の幾らかを我々に返してくれるように思われる。

提案されるさまざまな主題も舞台そのものから発すると言えるだろう。それによって主題はあまりにも客観的物質化に達しているので、どこまで突き詰めても、舞台という閉じられ制限された球体、この密度高い視角の外では想像できない。

このスペクタクルは我々に純粋な舞台イメージの見事な合成を与えてくれる。それを理解するためのまったく新しい言語も発明されているように思われる。俳優たちは衣裳の助けを借りて、生きて動きまわる象形文字そのものを構成する。そしてこの三次元の象形文字自体が、さらに一定数の動作、神秘的な記号によって飾られる。その神秘的な記号は、我々西洋人が決定的に抑圧してしまった、何か空想的で暗い現実に呼応しているのである。

初めは抑えられ、次いでいきなり空中に投げ出されるこれらの記号の強烈な解放には何か魔術を使う精神と通じるものがある。

沸騰する混沌が目印に満ち、時に奇妙に整然となる。それは描かれたリズムの発泡のなかで煮えたぎるが、そこには絶えず延音記号が働き、よく計算された沈黙のように割り込んでくる。

純粋演劇という観念は、我々のうちではまったく理論的であって誰一人としてそのわずかな実現も試みはしなかったのに、バリ島の演劇はその驚嘆すべき上演を示している。すなわち、最も抽象的な主題の解明のためにさえ語彙に頼る可能性をすべて抹殺している。——空間のなかで展開され、空間の外では意味を持てない動作の言語をこの上演は発明しているのである。

舞台の空間はそのすべての次元において、つまり、可能な限りの平面において利用されていると言えよう。なぜなら、これらの動作は造型美に対する鋭い感覚とともに、常に精神の状態あるいは問題の解明を最終目的としているからである。

少なくとも我々にはそのように見える。

空間のいかなる点も、また、可能な限りのいかなる暗示も失われない。そこには、突然混沌のなかに突入するという自然が秘める力についての、いわば哲学的感覚がある。

・・・・・・・・・・・・・・・・・・・・・・・・・・・・・・・・・・・

人はバリ島の演劇において言語以前の状態、自らの言語を選べる状態を感じる。選ばれた言語が、時には音楽、時には動作、時には運動、時には語彙なのである。

・・・・・・・・・・・・・・・・・・・・・・・・・・・・・・・・・・・

この純粋演劇としての側面、観念そのものである絶対的な動作、精神的概念を知覚させるために物質の入り組んだ迷路と綾模様を通らせるあの動作の物理学、それらすべてが、諸形態と顕現された物質の領域にとくに属するものについての新しい観念を与えてくれるのは確かである。単なる衣裳の形にさえ神秘的な意味を与えることができる人びと、人間の傍らにその〈分身〉を置くことだけで満足せず、服を着た人間それぞれに衣裳の分身をも割り当てる人びと――あの仮象の衣裳、第二の衣裳を、空中に針でとめられた大きな蝶のような恰好に、一振りの剣で刺し通している人びと、そうした人びととは自然の持つ絶対的で魔術的な象徴についての生来の感覚を我々より遥かに多くそなえていて、一つの教訓を与えてくれる。だが、我々の演劇技術者たちがそこから学ぶ能力のないこともあまりにも明らかである。

・・・・・・・・・・・・・・・

文字に書かれた文章の各部分の間に存在するあの知的空間、心理の綾、思想に満ちた沈黙などが、ここでは舞台の空気のなかで、一定数の叫びや色や運動の各部分の間、空間や遠近法の間に描き出される。

・・・・・・・・・・・・・・・

バリ島の演劇の上演では、概念がまず動作にぶつかり、次いで視覚的なあるいは聴覚的なイメージの発酵の真っ只中、つまり純粋な状態での思惟のうちに足を踏み入れたという感覚を、精神は充分に汲み取れる。つまり、割りきって言ってしまえば、この演出には音楽的状態にかなり類似した何かが存在するはずである。そこでは、精神によるすべての概念化は、一つの口実、一つの潜在的性質にすぎず、その分身があの強烈な舞台詩、あの空間的色彩的言語を生み出している。

・・・・・・・・・・・・・・・・・・・・・・・・・・・・・・・・・・・・

ある色彩からある動作へ、ある叫びからある運動へと移る鏡のような作用の繰り返し、それが、精神にとって険しく困難な道に我々を絶え間なく導き、詩の特性である言いようのない不安と苦悩の状態に沈める。緑の夕べに飛び交う虫のように宙に舞う手の不思議な働きからは、一種の恐ろしい固執観念、尽きることのない精神的迷走が発散する。それはまるで精神が無意識の迷路のなかで自己の立場を絶え間なく見極めようとしているかのようである。

そもそも、この演劇が我々に触れさせ具体的な記号で捕らえようとしているものは、感情に関わるものより、知性に関わるものなのである。

そして知的な道筋によって、我々を存在についての数々の記号の征服へと導く。

この見地から、中央の踊り手が常に自分の頭の同じ場所に手で触れる動作は、何かわからないある中心的な目か、あるいは知的な卵の位置と生命を確かめているかのようで含蓄に富んでいる。

自然についての物理的な数々の印象は色彩によって仄めかされ、次いで音の次元に移され、その音自体もまた、他のものの、一種の魔術的状態の郷愁的な表現にすぎず、そこで諸感覚は、精神の訪れを受けるのにふさわしいほど微妙に研ぎ澄まされる。模倣的なハーモニー、たとえばガラガラ蛇の立てる音や、虫の甲羅のぶつかり合う音などさえ、今にも混沌に呑み込まれそうな蝟集する光景のなかのわずかに陽のあたる場所を表わしている。――俳優たちはまばゆいばかりの衣装をまといながら、下半身は産着に包まれているようだ！　その動きには何か臍の緒をつけた胎児のような、幼虫を思わせるようなところがある。同時に注目すべきなのは衣装の象形文字的な外見で、その水平の縞はあらゆる方向に体からはみだしている。そのため俳優たちは線や節に覆われた大きな昆虫に似ている。そして、その線や節が自然のどのような展望に結びつくために作られたのかわからない我々の目には、単に部分的な幾何学模様としか映らない。

これらの衣装は俳優たちの歩みにつれ、その抽象的な回転と不思議な足の交錯を取り巻く！

俳優の動きはそれぞれ空間のなかに一筋の線を描き出し、不可思議だが厳密な形象を計算し尽くされた秘法によって完成していく。その形象のなかに思いがけない手の動きが最後の一点を打つ。

腰より高くカーヴした衣装で、俳優たちは宙に浮いているようにも、舞台の奥に釘づけにされているようにも見え、跳躍するたびにそのまま飛びつづけるかと思わせる。

腹からしぼり出されるその叫び、ぐるぐる廻る目玉、連続する抽象的な形、小枝のざわめき、木の切断と連打の響き、それらすべては、さまざまな音源から吐き出されて拡がる音の巨大な空間のなかで、それらすべては一致して、我々の精神のなかに抽象についての新しい、敢えて言えば具体的な概念を目覚めさせ、結晶させるのである。

さらに、注目すべきことには、驚異的な舞台構成から発して思想のなかに帰っていくこの抽象は、飛翔の途中で自然界のさまざまな印象に出会うと常に、それらの印象が分子集合を始めた時点で捕らえていく。つまり、ある一つの動作が我々をまだわずかに混沌から引き離している点で捕らえるのである。

・・・・・・・・・・・・・・・・・・・・・・・・

上演の最後の部分は、我々ヨーロッパの舞台が貪っている、汚れた、野蛮な、恥知らずなすべてと向かい合わせるとき、愛すべき時代錯誤に彩られている。だが、〈彼岸〉の世界の幻影に捕らわれた魂の苦悩をこのように、ありのままに、敢えて釘づけにして見せる演劇がどこにあるだろうか。

・・・・・・・・・・・・・・・・・・・・・・・・

彼らは踊る。自然の無秩序の形而上学者である彼らは、音響の一つ一つの原子、今にもその原理に戻ろうとしている断片的な知覚の一つ一つを復元してくれる。彼らは運動と音との間に完璧な結合を創り出すことを知っていた。その結合があまりに完璧なので、くりぬいた木の、太鼓の、空洞の楽器の音が、まるで踊り手たちの肘が空洞から発し、彼らが空洞の木でできた肢体を使って演奏しているのかと思うほどである。

我々はそこで、急に、形而上学的闘争の只中に巻き込まれる。恍惚状態に墜ち宇宙の力に取り巻かれ、その波に呑まれて硬直した体の様子が、狂暴であると同時にこわばり角ばった踊りによって見事に表現される。人はそこに突然、精神の真っ逆さまの転落が始まったことを感じるのである。

まるで物質の波が次々に波頭を逆立てて水平線の至るところから打ち寄せ、ほんの小さな身震いや恍惚状態のなかにまで入り込み――空虚を恐怖で埋めようとしているようである。

・・・・・・・・・・・・・・・・・・・・・・・・・・・・・・・・

これら構築された透視画のなかには、ある絶対的なもの、東洋人たちだけが夢見ることのできる物理的な真の絶対の一つのあり方がある。そして、これらの概念が演劇についての我々ヨーロッパ人の概念と対立するのはまさにこの点でなのである。彼らの上演の不思議な完成度よりも、むしろ遥かに、彼らの目的の高邁さと熟慮された大胆さにおいてなのである。

ジャンルの分化とその区別を主張する人びとは、バリ島の演劇の素晴らしい俳優たちを単なる舞踊家としか見ないふりをするかもしれない。その舞踊家たちがどれほど高度な〈神話〉を形に表わす役を担っているかを到底理解しない。だが、その神話の高邁さは、我々のヨーロッパ現代劇を名もなく粗野で子供だましの水準にまで引き下げてしまう。真実は、バリ島の演劇が我々に純粋演劇の諸主題をすっかり揃えて提案し持ち込んでくれていることであり、舞台での上演が、その諸主題に密度の高い平衡と完全に物質化された重力とを与えているということである。

・・・・・・・・・・・・・・・・・・・・・・

それらすべてが深い陶酔のなかに浸っている。その陶酔が我々に恍惚の諸要素そのものを復元してくれる。その恍惚のなかで我々は、植物や木々の名残りや遺跡の乾いた沸騰と鉱物的なざわめきが、彼らの額の上に照らし出されるのを発見する。

すべての野獣性動物性も、彼らの乾いた動作によって表わされる。地面の砂利の割れる音、木々の霜枯れ、動物たちの遠吠えなどである。

服の裾を払うときの舞踊家たちの足先の動作も、さまざまな思想、感覚を純粋な状態に溶解し、かき回す。

そして、常に頭が照合される。頭は巨人キュクロプス(2)の目のように精神の内的な目であり、それを右手が探りにいく。

精神的な動作の物真似が、種々の感情や魂の状態や形而上的観念などを分節し、剪定し、固定し、引き離し、細分化する。

この純粋元素の演劇では、事物は抽象へ戻る前に不思議な半回転をやってのけるのである。

・・・・・・・・・・・・・・・・・・・・・

彼らの動作が木の太鼓のリズムにあまりにぴたりと合って拍子をとり、リズムを非常に正確に中空で、おそらくその頂点で捕らえているので、その音楽の拍子は彼らの空洞の四肢から発しているかのように思われる。

・・・・・・・・・・・・・・・・・・・・・

幾重にもヴェールを被ったような、そして夢見るような女たちの目。その夢の瞳は我々を吸い込み、その前では、我々自身が亡霊になったかのようだ。

・・・・・・・・・・・・・・・・・・・・・

舞踊の振りの数々、たとえばさまざまな魂の状態を混ぜ合わせる足の回転、宙を飛ぶような小さな両手、軽いがしかし確実な手拍子など、そのどれもが完全な満足を与えてくれる。

・・・・・・・・・・・・・・・・・・・・・

我々が立ち会うのは、一つの精神状態から一つの動作を作り出す精神的な錬金術であり、その乾いた簡素な線形の動作は、我々の行動が絶対的なものに向かうとき持つような動作ばかりなのである。

このマニエリスム、この過剰な宗教的様式は、転がるような音のアルファベットと、石の割れる音のような叫び声と、木々の小枝の音、木々を転がし切り刻むような物音などとともに虚空のなかに、視覚的だけでなく聴覚的でもある空間のなかに、一種の物質的でしかも生命を持つ囁きを構成している。そしてしばらくすると魔術的同一化が起きる。すなわち《我々は、話していたのが我々自身だったと知るのである》。

アデオルジャーナと〈龍〉との恐るべき戦いに立ち合ったあとで、誰が一体、演劇のすべてが舞台の上にある、すなわち劇的状況とか言葉の外にあるということを否定できようか。

劇的で心理的な諸状況は、ここでは戦いの身振りのなかに移されている。その戦いは体操のような、しかも神秘的な体の演技と——舞台の、敢えて言えば波動的な利用との働きであり、舞台の巨大な螺旋が次々と新しい角度から明らかにされていく。

戦士たちは、恐怖に震えながら精神的な森のなかへ踏み込む。無限の戦慄と磁力によるかのような巨大な回転運動が彼らを捕らえる。動物的あるいは鉱物的な大気現象がそこに殺到する。

彼らの四肢の間歇的な身震いと廻る目玉が意味するのは、生理的な嵐を超えた精神の粉砕である。髪を逆立てた彼らの頭は音を立てて振動し、時にはむごたらしい。——そして彼らの後ろでは、あの音楽が揺れ動き、同時に不可思議な空間を養う。そこでは生理的な砂利がついに転がり終わるのである。

この恐るべき宇宙の嵐のなかで髪を逆立てた〈戦士〉の後ろに、今や〈分身〉が傲然と立ちはだかり、小学生のように子供っぽい嘲弄に打ち興じる。だが分身自身も、騒然たる嵐の巻き返しによって吹き上げられ、無意識のうちに、彼の理解をも超えた魔力の世界に入っていくのである。

訳註

（1）前半は「植民地展におけるバリ島の演劇」と題して『新フランス評論』誌一九三一年十月一日号（二一七号）に掲載された記事の再録。後半は書簡や未発表原稿からの抜粋である。

（2）ホメロス『オデュッセイア』第九巻。エウリピデス『キュクロプス』参照。

東洋演劇と西洋演劇(1)

バリ島の演劇の啓示は、我々に演劇についての言語的でない物理的な観念を与えてくれた。そこでは演劇は舞台の上で起こりうるすべての諸限界内に含まれているのであって、文字に書かれた台本から独立している。それにひきかえ、我々が西洋において考える演劇は台本と固く結ばれていて、台本の限界のなかにある。我々にとって、演劇においては〈言葉〉がすべてであり、その外には可能性がない。演劇は文学の一支流であり、言語の音による変奏の一種である。そして、たとえ舞台で話される台詞《せりふ》と目で読まれる戯曲の間の差異を認めたとしても、演劇を台詞の受け渡しの間に現われてくるものの限界のなかに閉じ込めるとすれば、やはり演劇を舞台化された戯曲という観念から引き離すには至らない。

演劇における言葉の絶対的優位という考え方は、我々のなかにあまりに根強く、また演劇が戯曲の単なる物質的反映に見えすぎるため、演劇において戯曲を超えるもの、戯曲の限界のなかに含まれないもの、戯曲によって厳密に規制されていないもの、それらすべては演出の分野に属し、その演出は戯曲とくらべた場合、何か劣等なものと思われているのである。

言葉への演劇のこのような従属を前にして、人は、演劇にも、もしかすると固有の言語があるのではないか、演劇を一つの独立した自律的な芸術、音楽や絵画や舞踊などと同じ資格の芸術と見るのは妄想なのだろうかと考えることができるだろう。いずれにしろ、もしそのような演劇固有の言語が存在するとしたら、それは必然的に、次のように考えられた演出と一致する。すなわち、

1　一方では言葉の視覚的造型的物質化としてであり、

2　〔他方では〕言葉から独立して、舞台の上で言われ意味されるすべてのもの、空間のなかに自己の表現を見出すすべて、または空間によって獲得されるかあるいは風化するすべてのものの言語としてである。

問題は、このような純粋に演劇的な言語として考えられた演出の言語が、言葉と同じ内的対象に達する能力があるかどうか、精神の観点からも演劇的にも、この言語が、分節言語と

同様の知的有効性を主張できるかどうかを知ることである。これは、言葉を換えれば、演出の言語が、思考を明確にするのではなく思考させることができるかどうか、この言語が精神をそれ自身の観点から見て深遠で有効な態度へ導いていくことができるかどうかを考えることである。

一言で言えば、事物の形態による表現の知的有効性の問題、形態、音、あるいは動作しか利用しない一つの言語の知的有効性の問題を提起することであり、それはすなわち、芸術の知的有効性を問題にすることになる。

もし我々が芸術に対して楽しみと休息としての価値しか与えなくなっていて、芸術を形態の単なる形式的な利用とか、ある種の外的な関係の持つ調和という範囲にとどめてしまっているとしても、それは芸術の持つ深奥な表現的価値を傷つけるものではない。ただ、西洋は芸術を審美主義と混同することができる絶好の地であり、その精神的不具性は、描くためにしか役立たない絵画、造形的でしかありえない舞踊などが存在しうると考える。まるで、芸術の諸形態を切り刻み、その形態が絶対的なものと対峙することで得られるあらゆる神秘的態度との絆を断ちきろうとしてきたかのようである。

そこでわかるのは、演劇が自らの言語のなかに閉じ込もっている程度に応じて、言語との相関関係の程度に応じて時事性と袂を分かたなければならず、演劇の目的は、社会的あるいは心理的葛藤を解決したり道徳的情熱に戦いの場を提供したりすることではなく、隠れた真実を客観的に表現し、行動的な動作によって、諸形態が〈生成〉とのめぐり合いのうちに秘めている真実の部分を明るみに出すことだということである。

そうすること、演劇を形態による表現のさまざまな可能性に、つまり、動作や音や色彩や造型などすべてによる表現の可能性に結びつけること、それは演劇をその原初的な使命に戻し、その宗教的形而上学的側面へ置き直し、演劇を宇宙と和解させることなのである。

だが、人は言うかもしれない、言葉も形而上学的能力を持っている、言葉を普遍的次元において動作と同様に考えることは禁じられていない、それにまさに普遍的次元において言葉は最大の効果を発揮する、物質のさまざまな外見や、精神を安定し休息させる傾向のすべての状態を分別する力として働くと。それに答えるのは容易である。言葉のこのような形而上学的な考え方は、西洋演劇の言葉の使い方のなかにはない。言葉を、行動的で精神に遡るための外見の破壊から発する力としてではなく、逆に、外面化すれば失われるような思想の完成段階として使うのが西洋演劇なのである。

西洋演劇での言葉は、人間と、人生の日常的時事性のなかでの人間の状況とに特有な心理的葛藤を表現する以外にはまったく役に立たない。それらの葛藤は話される言葉の管轄にはっきりと属し、それが心理的分野に含まれようと、そこから出て社会的分野に入ろうと、ドラマは常にそれらの葛藤が各性格を攻撃し解体する仕方による道徳的興味でしかない。取り上げられるのは常に言葉による口頭の解決が大部分を支配するような分野である。だがこれらの道徳的葛藤はその本質から、解決のためにぜひとも舞台を必要とするわけではない。舞台を分節言語に支配させること、あるいは語による表現に、動作や空間のなかでの感覚を手段として精神に達するすべてのものの客観的表現を支配させることは、舞台の持つ物理的必然性に背を向け、舞台の可能性に歯向かうことである。

演劇の領域は心理的ではなくて、造型的で物理的なのだ。これは言っておかなければならない。演劇の物理的言語が、語による言語と同じ心理的解決に達する能力を持つかどうか、語に劣らず感情や情熱を表現できるかどうかを知ることは問題ではない。問題は思想と知性の領域のなかに語が示すことができず、動作や空間の言語に属するすべてのものが語以上に正確に達することのできる態度があるのではないかということである。

物理的世界と思考の深い状態との関係の例を引く前に、私自身の拙文を引用することを許されたい。

「すべて真の感情は実際には翻訳不可能である。それを表現することは裏切ることである。翻訳すること、それは包み隠すことである。本当の表現はそれが明らかにしているものを隠している。それは、精神を自然が持つ現実的な空虚と対立させ、反作用によって思考のなかに一種の充実を創造する。あるいは、自然の開示＝幻想との関連において、思考のなかに空虚を創造すると言ってもよい。あらゆる強力な感情は我々のうちに空虚の観念を創り出す。この空虚を妨げる明晰な言語は同時に、思考のなかに詩が現われるのを妨げる。あるイメージ、ある寓意、ある形態などが、明らかにしようとしているものを隠すことによって、言葉による分析がもたらす明晰さ以上に、精神にとって多くの意味を持つのはそのためである」。

「真の美が我々の心を打つのも決して直接的にではないのもそのためである。夕陽が美しいのは、それが我々に失わせるすべてのもののせいなのである[2]」。

フランドルの絵画の悪夢が我々の心を打つのは、本当の世界の傍らに、その世界のカリカチュアでしかないものを並列させているからである。我々が夢見るはずの怨霊を与えてくれるからである。あの悪夢はその源を半夢遊の状態のなかに求めている。その半夢遊状態が、不器用な動作や馬鹿げた言い違いを惹き起こす。置き去りにされた子供の傍らに、飛び跳ねるハープを立てる。地下水の滝のなかを泳ぐ人間の胎児の傍らに、恐ろしい城壁の下を進む軍隊を示す。夢の不安定の傍らに確信の歩みを、地下室の黄色い光の向こうに今しも沈もうとする大きな秋の太陽のオレンジ色の輝きを描き出すのである。

演劇から言葉を追い出すのが問題ではなく、その使命を変えること、とくにその位置を限定すること、人間の諸性格を導いて外面的な目的に向かわせる一手段とは別のものとして考えることである。それというのも、演劇では人生におけるさまざまな感情や情熱が互いに、そして人間と人間の間で対立するその仕方以外は決して問題にならないからである。

だが、演劇における言葉の使命を変えるとは、言葉を具体的で空間的な意味で使うことである。つまり、具体的な領域で演劇が含んでいる空間的なものとその意味のすべてと組み合わせる限りにおいて使うということである。それは、言葉をある固体として扱うことであり、最初は空間のなかで、次には、遥かに神秘的で秘密の領域、しかし、それ自体拡がりを許す領域で事物を揺り動かすものとして操作することである。この秘密の、しかし拡がりを持つ領域を、一方では形態の無軌道の領域と、他方では形態の継続的創造の領域と同一視することはそれほど難しくないだろう。

このようにして、演劇の対象と、形態と拡がりを持つ表現の可能性すべてとの同一視は、空間における一種の詩という観念を出現させる。そしてそれは魔術にも紛う詩である。

心理的傾向の西洋演劇と対立して、形而上学的傾向を持つ東洋演劇では諸形態が可能な限りの次元でその感覚と意味を占有している。あるいは、諸形態によって惹き起こされる振幅が一つの次元ではなく同時に精神のあらゆる次元で起こると言ってもよい。

このように多種多様な側面から考えられることによって、形態は、精神を揺り動かし魅惑する力を得て、精神にとって絶え間ない刺激となる。それは東洋の演劇が事物の外的側面をただ一つの次元から捕らえないからであり、単純な障碍や事物の側面と感覚との固定的な一致だけに頼らず、絶えずそれらの側面の源である精神的可能性の程度を見きわめつづけるからこそ、自然の強烈な詩に参加し、宇宙磁気の客観的段階のすべてとの間に魔術的関係を保持できるのである。

演出は、まさにこの魔術的利用の角度、この妖術の角度から考えられなければならない。文字に書かれた戯曲の反映、ないしは、書かれたものから発散する物理的分身の投影としてではなく、ある動作、ある語、ある音、ある音楽、そして、それらの組み合わせの客観的な効果から引き出されるすべての燃えさかる投影として考えられなければならない。この行動的な投影は舞台の上でしか実現できず、その結果も舞台を前にして、舞台の上でしか発見されない。そこには書かれた文字しか使わない作家の出る幕はないのであって、作家は、事物と生命を操る妖術の専門家たちに早々に席を譲るべきなのである。

訳註

（1）この一文は他に発表されていない。一九三四、五年頃書かれたものと思われる。

（2）この引用はどこからのものか不明。

名作との縁を切ること(1)

我々は窒息しそうな雰囲気のなかに生きていて、抜け出せそうな逃げ場も救援の望みもない。――しかも我々は、最も革命的な連中まで含めて、一人残らずそれを醸し出すのに加担している。――この雰囲気の原因の一つは、書かれたもの、言われたもの、あるいは描かれたもの、つまり形態をとったものに対する尊敬にある。すべての表現がすでに行き詰まっていて、一度何もかも帳消しにして振り出しに戻って出直さなければならないところまで来ていることがまるでわかっていないためだ。

この際、エリートと称する連中の専用で一般大衆にはわからない名作などという考え方とは縁を切ることだ。そして、精神の領域には、隠れた性的交渉のための場所のような特別区はないことを承知すべきだ。

過去の名作は過去にとっては結構だ。だが、我々にとってはよくない。我々には、すでに言われたことを、さらにはまだ言われていないことでさえ、直接的で即時的で今日的な感じ方に応じた、我々に属した言い方で、誰にでもわかるように言う権利がある。

崇高についての感覚を持たないなどと一般大衆を非難するのは、崇高をその形式的な表現の一つと混同している以上、しかもそれらがすでに死滅した表現である以上、まったく馬鹿げている。もし、たとえば現在の大衆が『オイディプス王』を理解しなくなっているとしたら、それは大衆の欠点ではなく、敢えて『オイディプス王』のせいなのだと言いたい。

『オイディプス王』には〈近親相姦〉の主題がある。自然が道徳を翻弄するという考え方がある。さまよえる力がどこかにあるから、それには充分に気をつけなければいけないという。それらの力を宿命などと呼ぶのである。

その他にも、これらの力の物理的化身である疫病ペストの存在がある。だが、そうしたものすべてが、今ではあの時代の持っていた粗野で狂暴なリズムとの接触をまったく失った言語や衣を着せられている。ソポクレスは大声を張り上げるかもしれない。だがその語り口には時代のずれがある。彼の語り口は、あの時代を語るには繊細にすぎ、話の的が外れていると思われてもしかたがない。

しかし、鉄道事故に戦慄し、地震やペストや革命や戦争を知っている大衆、恋愛の無秩序な深淵を感じ取ることのできる大衆なら〔『オイディプス王』が扱っている〕これらの高度な諸概念に達することができるし、進んでそれを意識したがってもいるはずだ。ただし、人が大衆自身の言葉によって話しかけるすべを心得ていること、そして、これらの概念が大衆に届くのに、死に絶えて決してまた始まることのない時代の怪しげな衣服や口調を通じてでないことが条件である。

大衆は今も昔も神秘に飢えている。宿命が姿を現わすときの諸法則を意識し、その出現の秘密を見抜けたら願ってもないことだと思っている。

原典批判は学校の先生に、形式の批評は審美学者にまかせておこう。そして、一度言われたことを繰り返す必要がないことを認めよう。表現には二番煎じがきかない。二度は生命を持たない。言葉は口にされたらそれですべて死ぬ。口にされているその時だけしか効力を持たない。一度使われてしまった形式はもはや役に立たない。他の形式を求めるように導くだけだ。そして演劇は、ある動作が行なわれたらそれが二度と繰り返されることのない、世界中でただ一つの場所なのである。

もし大衆が文学的名作に惹かれないとしたら、それはまさにそれらの名作が文学的だからにほかならない。文学的、つまり固定化されているからである。時代の欲求に応えない形式に固定化されているためである。

大衆や観客を非難する必要などなく、我々自身と大衆との間に自ら置いた形式の壁を告発すべきなのである。この新しい形の偶像崇拝、固定化された名作の偶像崇拝はブルジョワ的順応主義の一側面なのである。

この順応主義は崇高さや諸観念や諸事物自体と、それらが時とともに我々の内部で取ってきた諸形式とを混同させる。それら諸形式は俗物的な洒落気や気障な才気や審美論的態度という我々の精神構造に巣くってきたもので、もはやそのような形式を一般観客は理解しない。

こうした有様のなかで、観客が悪趣味で馬鹿げたことにばかり大喜びするといって非難したところで、価値のある舞台芸術を示してやらない限りまったく無駄である。そして、我々の国に、真に価値のある舞台芸術があったら今ここで拝ましてもらいたい。崇高という意味での価値ある演劇が、かつての偉大なロマン主義的メロドラマ以来、すなわちここ百年来、どこにあるだろうか。

偽物を本物と思い込む観客であっても、本物に対する感覚は持ちつづけている。そして本物が現われたときには、常に反応するものだ。だが、今日では本物を探そうと思えば舞台ではなく、町なかへ行かなければならない。そしてまた、町なかの大衆に人間的品位を示す機会を与えたなら、大衆は必ずそれを示してくれるだろう。

大衆が劇場へ行く習慣を失ったのも、我々すべてが演劇を低級な芸術と見なし俗悪な娯楽の一手段と考え、悪い本能の排け口として利用するようになってしまったのも、そりゃお芝居だ嘘だ幻なんだとあまりに聞かされすぎたからであり、四百年来、つまりルネサンス以来、まったく描写的な、物語る演劇、しかも、心理について物語る演劇に馴らされてきたからである。

舞台上に、もっともらしいが浮き世離れした存在を生かすことばかりに巧みになって、一方に上演、他方に観客と分けてしまったからである。——そして大衆自身の姿を写す鏡しか示さなくなったからである。

この錯誤、この堕落、演劇を無償とする考え方についてはシェイクスピア自身にも責任がある。そうした考え方からすると、演劇の上演は観客に少しの傷跡も残さず、投げつけたイメージが観客の生理に動揺を与えることも、消し去ることのできない印を残すこともない。シェイクスピアにおいては、人間が時に自分を超えるものに関心を持ちはするが、結局、その関心の結果が人間にどう現われるか、つまり心理だけが常に問題になるのである。未知のものを既知のものに、日常的で平凡なものに引きずり降ろすことに夢中になる心理、それがエネルギーの恐るべき低下と喪失の原因なのであって、その低下もいよいよ最後の段階まで来ていると感じられる。そして、演劇も我々も、もはや心理学とは縁を切るべきだと私には思われる。

そもそもこの見解には我々はみな賛成であって、心理的演劇に断罪を下すために今さらあのいやらしいフランスの現代劇をほじくり返してみることはないと信じる。金の話、金のための苦労話、立身出世話、愛他精神など微塵も入り込む余地のない恋患《わずら》い、神秘のかけらもないエロティシズムで厚化粧された性欲、そんなものは、心理ではあるかもしれないが演劇ではありえない。そんな苦しみ、そんな乱行、そんな発情を前にしては、我々も、自慰を楽しむ覗き魔になり下がる。それはやがては革命と殺気とを招くに決まっている。この点はよく納得しておくべきだ。

だが最も重大なのはそのことではない。

もし、シェイクスピアとその亜流が長い間に芸術のための芸術という観念を我々に吹き込み、芸術を一方に人生を他方に置くという考え方を植えつけたとしても、その人生さえしっかりしていれば、無力で怠惰なこうした考え方の上にあぐらをかくこともできただろう。しかし、今や我々を生きつづけさせるものすべてが危うく、誰もが狂気と絶望と病気に捕らわれているという兆候があまりに歴然としている。だからこそ私は、我々が行動に出るべきではないかと言うのである。

超然とした芸術とか魅力的な詩というような、しかもその魅力は暇つぶしのためというような考え方は頽廃の思想であり、我々の去勢への傾向を高らかに証明している。

ランボーやジャリやロートレアモンなどに対する文学的称讃は、二人の人間を自殺に追いやった。だが、その他一般の人びとにとってはその称讃も詰まるところ喫茶店でのお喋りにすぎず、文学的な詩とか超然とした芸術とか中立的な精神活動という観念の域にとどまり、したがって何も作り出さず何も生み出さない。そして、ここで認められるのは、作る当人と作る瞬間しか拘束しないような個人的な詩が傍若無人に猛威をふるっていたときこそ実は、詩人たちによって演劇が最も軽蔑されたときだということである。彼らは、群衆のなかでの直接的行動についても有効性や危険についての感覚も、決して持ち合せたことがないからである。

さまざまなテクストや書かれた詩についての迷信と縁を切るべきなのである。書かれた詩も一度は価値を持つ。だが次にはそれを破棄すべきだ。死んだ詩人たちは他の詩人たちに席を譲るべきだ。既成のものはそれがいかに美しく価値の高いものであろうと、それらに対する尊敬こそが我々を化石化し固定化して、その底に流れる力との接触を妨げる。もう、それがわかっていいはずである。その力を、思考するエネルギーとか生命力とか交換の決定論とか月の生理とか、その他どう呼ぼうと構わない。テクストとしての詩の底には形も文字も持たない詩そのものがある。そして、ある民衆たちの魔術の操作に使われる仮面の効力がやがては尽きるように——そうなった仮面は博物館へ抛《ほう》り込むのがいいように——あるテクストの詩的効力も尽き果てる。だが、この効力喪失の最も遅いのが演劇の詩なのである。なぜなら、この詩は動作し発声するものの行動を受け容れ、決して二度と繰り返されないからである。

問題は我々が何を望んでいるかだ。もしそれが戦争やペストや飢餓や大量殺人だというのなら、こんなことを言い出すまでもない。今まで通りに続ければいい。俗物的な洒落者として振る舞い、どこやらの歌手のリサイタルに殺倒し、どこやらの素晴らしくて芸術の領分をはみ出さない舞台に行列を作ればいい（ロシア・バレエもその最高潮のときでさえ決して芸術の枠をはみ出さなかったのだから）。どこやらの絵画展でも結構だ。そこではあちこちに印象的な形態が爆発しているかもしれない。しかしそれは偶然によるのであって、それらの形態が揺り動かすことのできるはずの数々の力についての真の自覚はない。

このような経験主義、偶然、個人主義、そして無軌道は止《や》まなければならない。読む人びとより書いた当人に役に立つような個人的な詩はもう沢山だ。個人的で利己的で閉鎖的な芸術の表現なんて、これを限りに願い下げだ。我々の精神の無軌道、無秩序は、他のものすべての無軌道によって決定されている。——いやむしろ、他のものすべてが、この無軌道に決定されているのだ。

私はある人びとのように、演劇が変わるためには文明そのものが変わらなければならないとは考えない。むしろ高度な意味で利用された最も困難な演劇は、物事の局面や形成に影響する力を持っていると信じる。そして、舞台における二つの情熱の出現、二つの生命の坩堝、二つの神経の磁場の接近は、実人生における明日のない乱行での二つの皮膚の接近と同じくらい完全で、真実で、決定的な何かであると信じている。

私が残酷の演劇を提唱するのはそのためである。──今日の我々は、何もかも低俗化する悪い癖を持っているので、私が「残酷」という言葉を口にすると、誰もが「血」という意味に理解する。だが「残酷の演劇」とは、第一に、私にとって残酷で困難な演劇のことである。そして、上演の次元においては、互いに相手の体を切り刻み合ったり、鋸を使って生体解剖したり、あのアッシリアの皇帝たちのように、人間の耳や鼻や巧みに切り取られた鼻孔を袋詰めにして、郵便で送りつけて与え合う残酷のことではなく、事物が我々に働きかける遥かに恐ろしい、遥かに必然的な残酷のことである。我々は自由ではない。いつ大空が我々の頭上に落ちてくるかもしれない。そして、演劇はまずそれを教えてくれるためのものなのである。

問題は、果たして我々が近代的今日的な手段によって、詩についての、そしてまた、古代の偉大な悲劇作家たちによって物語られた〈神話〉の裏にある演劇による詩についての高度な観念に再び帰ることができるかどうか、再び演劇についての宗教的な観念に堪えうるかどうか、すなわち無意味な瞑想や観照なしに、脈絡のない夢想を捨てて、ある一定の支配的な力、すべてを導く一定の概念を意識し所有することができるかどうか、ということである。概念は、それが有効であるとき、そのうちにエネルギーを秘めているから、我々のうちにそのエネルギーを再発見し、それによって、ついには秩序を創造し人生の価値を引き上げることができるかどうかということである。それができなければ、我々はもはや何の反応も示さず、ただちになるがままに身をまかせ、混乱と血と戦争と疫病にしか値しないことを認めるほかはない。

すべての芸術を中心的な一つの態度と一つの必然性に引き戻し、絵画や演劇での行為と火山の爆発での溶岩の行為との間に類似を発見できるか、それとも、絵を描くこともやたらに吠えることも、文字を書きなぐることも、何もかも止《や》めるかである。

そこで私が提案するのは、魔術的で基本的な観念の演劇に戻ることである。この観念は現代の精神分析学によって再び取り上げられたもので、病人を元の状態に引き戻すために、その状態の持つ外面的な態度をとらせることで治癒しようという考え方である。

私が提案するのは、イメージの経験主義を捨てること、無意識が偶然もたらしたものを詩的イメージなどと呼んで手あたり次第にひけらかすあの経験主義を捨てることである。こうした詩的イメージと称するものは当然難解で閉鎖的であり、まるで、詩がもたらすあの陶酔が感受性全体に全神経に響きわたることもなく、詩とはまったく漠然とした力で、その運動も変わりばえがしないと思いこませる。

私が提案するのは、陶酔を惹き起こすイメージや方法の物理的認識という考え方に、演劇によって戻ることである。この認識は、中国の医師が人間の体中に拡がる数々の点を解剖学的に知っていて、その点を刺すことによって最も微妙な機能まで調整できるのに似ている。

一つの動作の交流の力と模倣の魔力を忘れた人びとに対して、演劇はそれを再び教えることができる。なぜなら、ある動作はそれ自身の力を持ち、少なくとも演劇には生身の人間たちがいて、その動作の力を明示できるからである。

いわゆる芸術は、ある動作の有機体内での反響を奪うことである。だが、この反響こそ、もしその動作が諸条件を満たし必要な力をそなえているならば、有機体を、そして、それによって個体全体を、なされた動作に適合した態度をとるように招くのである。

演劇は、直接有機体に達するために我々に残された世界でただ一つの場であり最後の総合的方法なのである。現在我々が溺れている神経障害と低俗な官能の時代には、演劇がそれを生理的に攻撃する唯一の方法なのである。そしてこの方法には、低俗な官能も抵抗できないだろう。

もし音楽が蛇に働きかけるとしたら、それは音楽のもたらす精神的概念によるのではない。蛇の体は長くて地面の上でとぐろを巻き、その体のほとんど全体が地面に接している。音楽の振幅がその地面に達し、それが非常に微妙で非常に長いマッサージのように蛇に達するからである。そこで私は観客に対しても、蛇を音楽で踊らせるように働きかけ、有機体を通じて最も微妙な概念にまで導くことを提案する。

最初は乱暴な方法により、やがては、その方法を繊細にしていく。乱暴で直接的な方法は、最初にまず観客の注意を引くためである。

「残酷の演劇」において、観客が中央にいて舞台がそれを取り囲むのはそのためである。この上演では音響効果が絶え間なく使われる。楽音、騒音、叫びなどは、まずその振動の性質によって求められ、次に、初めてそれらが表わすものが問題となる。

これらの手段が微妙になったところで、光が加わる番となる。光は単に色や明るさのためだけでなく、力を持ち、影響力と暗示力をそなえていなければならない。緑色の洞窟の光は、有機体を強風の日の光と同じ官能的状態に置きはしない。

音と光のあとに行動がくる。行動のダイナミズムがある。まさにここにおいて、演劇は人生の模写から遠く離れて、さまざまな純粋な力と交流できるだろう。そして人がそれらの純粋な力を受け容れようと否定しようと、無意識にはエネルギッシュなイメージを与え外界には無償の犯罪を生み出すもの、それを力と呼ぶ言い方があることだけは確かである。

激烈で集約された一つの行動は抒情性と相似形である。それは、超自然的なさまざまなイメージ、イメージの血液、イメージの血まみれの噴出を、詩人の頭のなかと同じように観客の頭のなかにも呼び起こす。

賭けてもいいが、ある時代の人間の頭がどんな葛藤に取り憑かれていようと、舞台の激烈な場面の鮮血を浴び、自分のなかに気高い行動の進展を感じ――暴力と血が思考の激烈さのために役立って――異常な事件のうちに、自らの思考の異常で本質的な運動を電光のように目の当たりにした一観客が、外に出て戦争や暴動や偶発的な殺人などという考えに身をまかせるはずは絶対にない。

このように言ってしまうと、こうした考え方は急進的で子供っぽく思われるかもしれない。そして人は、見本が実例を生み、全快した態度が全快をまねき、殺人の真似が殺人を惹き起こすではないかと主張するだろう。だが、すべてはそれらがなされる方法と純粋さにかかっている。確かに危険はある。だが演劇の行為が暴力的であっても無私無欲であることを忘れてもらいたくない。演劇はまさに行動が無益なことを、一度行なわれてしまった行動を繰り返すべきではないことを教える。そして行動が無用となった状態にも高度の有用性があること、それが裏返されて昇華を生むことを教える。

したがって私が提案するのは、優れた力の渦のように観客を捕らえ、その感受性を激しい物理的なイメージで粉砕し麻痺させてしまう演劇である。

心理を捨てた演劇、異常なものを語り、自然の葛藤、自然の微妙な力を舞台にのせ、何よりもまず比類のない誘導力として現われる演劇。回教僧デルヴィシュやアイサウア[2]たちの踊りのように陶酔状態を生み出し、正確な手段で有機体に働きかけ、ある庶民たちの病魔退散の音楽、我々がレコードによって感心することはできても我々のうちにそれを生み出すことができないあの音楽と同じ方法を使う演劇。
そこには、確かに危険がある。だが、現在の事態のなかではその危険を冒す価値があると考える。我々が生きている現状に再び生命を与えられるとはとても思えない。それにしがみつく価値はない。だから私は、すべての衰弱と倦怠と無気力と愚行のなかでうめきつづける代わりに、そこから抜け出すためのある手段を提案しているのである。

訳註
（1）この一文は他には発表されていない。書簡などから類推して、一九三二年末に書かれたものらしい。
（2）北アフリカの回教徒の宗派。

演劇と残酷[1]

演劇についての一つの観念が失われてしまっている。演劇がその辺の木偶《でく》の坊たちの個人生活のなかに我々を引きずり込み、観客を覗きの常習犯に変えている限り、エリートたちが背を向け、大衆の大部分が映画館やミュージックホールやサーカスへ荒っぽい満足を求めに出かけるのは当たり前である。そこでは出し物が客を失望させはしないのだから。

我々の感受性の摩滅がここまで来ては、何よりもまず、我々の神経も心も呼び覚ましてくれる演劇が必要なことは確かである。

ラシーヌ以来の心理的演劇の害毒は、演劇が持たなければならない直接的で激烈な行動をすっかり馴染みのないものにしてしまった。そして、次には映画がその映像で我々を生殺しにした。機械というフィルターをかけられて感受性に達することもできないのに、十年来、我々を無為な麻痺状態に閉じ込め、我々のあらゆる能力もそのなかに沈んでしまうようだ。

我々が生きているこの苦悩と破局の時代には、事件によって凌駕されることなく、我々のうちに深い反響を惹き起こし、時代の不安定を征服する演劇こそ緊急に求められていると感じられる。

娯楽劇の長い習慣が深刻な演劇という観念を忘れさせてしまったが、我々の表象のすべてを揺り動かし、イメージの持つ灼熱の磁力を吹き込み、ついには一度受けたら忘れられない魂の治療のように働きかける演劇こそ必要なのである。

働きかけるものはすべて残酷である。演劇は、極限まで推し進められた極端な行動という観念によって革新されるべきである。

大衆がまず感覚でものを考え、したがって普通の心理的演劇が大衆の悟性に訴えるのは馬鹿げていると確信して、〈残酷の演劇〉は群衆のスペクタクルに手段を求める。莫大な数の、しかも互いにぶつかり合う痙攣した群衆の喧噪のなかに、たとえば今日ではあまりにもまれになってしまったが、民衆がこぞって町へ出る祭の日々や雑踏のなかにある幾らかの詩を探ろうとする。

演劇がもしその必要性を再発見しようとするなら、恋愛や犯罪や戦争や狂気のなかにあるすべてを我々に返さなければならない。

日常的な恋、個人的野心、日々の厄介事などは群衆的集団がその同意を与えた〈神話〉の持つ一種の恐るべき抒情性に対する反作用としてしか価値を持たない。

我々が、上演を有名な人物、残虐な犯罪、超人間的な献身などの周辺に集中しようと試みるのもそのためであり、その舞台は古い〈神話〉の擦り切れたイメージに頼らず、しかも〈神話〉のなかにうごめいている力を引き出す能力のあるものでなくてはならない。

一言で言えば、詩と呼ばれるもののなかには生き生きとした力があり、必要な演劇的条件の下に上演された一犯罪のイメージは、同じ犯罪が現実に犯されたときより、精神にとって遥かに恐るべきものを持つと信じるのである。

我々は演劇を、信じることのできる一つの現実とし、あらゆる本物の感動が含む具体的な一種の傷を心と五官に残すものにしたいのである。夢が我々に働きかけ、現実が夢に働きかけるのと同様に、思考のイメージは夢と同一視できる。そして、夢は必要な激しさで投げつけられる限りにおいて有効となると考えられる。観客は、演劇の夢を現実の引き写しではなく本当に夢として受け取れば、つまり、それらの夢によって観客が夢想の持つ魔術的な自由を自分のなかに解き放つことができるなら、演劇の夢を信じるだろう。そして、この自由は恐怖と残酷に刻印されて初めて観客に認められるのである。

残酷と恐怖に訴えるのはそのためである。だが、それは広範な次元でのことで、その広さが我々の全生命力の尺度となり、我々のあらゆる可能性に直面させるのである。

我々が、観客のまわりをめぐる上演を主張するのも観客の感受性にあらゆる面から訴えるためであり、舞台と客席を閉鎖的で交流の不可能な二つの世界にする代わりに、観客の集合全体の上に視覚的聴覚的爆発を拡げるためである。

この他に、分析可能な情熱的感情の領域を出て、俳優の抒情性を外界のさまざまな力の表現にも使うつもりである。この方法によって自然界全体を演劇のなかに引きいれる。これが我々の実現しようとする演劇なのである。

この計画がどれほど広大であろうと演劇自体をはみ出すことはない。要するに、我々には演劇が古代の魔術の力と同一と思われるだけである。

実際には我々はトータル・スペクタクルの観念を復活させることを望んでいる。そこでは、いつの時代にも演劇に属していたものを映画やミュージックホールやサーカスや、さらには人生そのものから取り戻すことができる。分析的な演劇と造型的な世界とを区別することは我々には愚かなことと思われる。肉体と精神、感覚と知性を分けることなどできない。ことに諸器官が絶え間なく疲労に襲われている領域では、我々の悟性を新たにするには、突然の動揺が必要なのである。

したがって、一方では全有機体に働きかけるスペクタクルの総体と拡がり、そして、他方では、新しい精神の下に利用された事物や動作や記号の徹底的な動員。悟性のための限られた部分では台本の精力的な圧縮が行なわれ、晦渋な詩的感動のための行動の部分では具体的な記号が強制される。語が精神に話しかけることはほとんどなく、事物とその拡がりが語る。たとえ語からできていても新しいイメージが語るのである。沈黙と不動に満ちた空間の充分な拡がりを適時設けることができれば、イメージが轟き音響が充満した空間そのものが語りかけてくるだろう。

この原則に立って、我々は、直接的行動手段を全面的に利用するスペクタクルを上演する計画である。したがって、それはリズムや音響や語や反響や囀《さえず》りによって、我々の神経の感受性の探険を、必要な限りどこまでも推し進めることを恐れない上演となる。これらの手段の性質と意表を突く合成は、一つのテクニックに属しているから軽々しく口外はできない。

だが、それ以外ではっきり言えば、このスペクタクルの上演は、グリューネワルト[2]とかヒエロニムス・ボッス[3]のある種の絵画のイメージでかなりよく言い表わせるだろう。そこでは、誰か聖人の脳のなかでのように、外界の自然の事物が誘惑のように働くだろう。

この誘惑のスペクタクルにおいてこそ、人生はすべてを失い、精神はすべてを獲得し、そして演劇はその真の意味を再発見するはずなのである。

我々はすでに他の場所で、現場で発見される純粋な演出の諸手段が、誰もが知っている歴史的あるいは宇宙的主題をめぐってどのように組織されなければならないかという計画を示した。

ここで、我々は〈残酷の演劇〉の最初の上演が群衆の関心について繰り広げられることを改めて強調しておこう。群衆の関心こそどんな個人の関心より遥かに緊急で遥かに不穏だからである。

そこで問題は、一体このパリで、すでに前兆の見えている動乱の前に、このような演劇が生まれることを許す財源その他の上演手段を見つけることができるかどうか、そして、未来そのものであるこの演劇をなんとか長続きさせられるかどうか、ということである。それとも、このような残酷の出現には、すぐにも、本物の血が幾らか必要なのだろうか。

一九三三年五月

訳註

（1）この一文も他には未発表であり、一九三六年の書簡にこれについて語られているだけで、他に資料はない。

（2）ドイツ・ルネサンスの画家。

（3）フランドル・ルネサンスの画家。

残酷の演劇《テアトル・ド・ラ・クリュオテ》（第一宣言）[1]

演劇という観念をこれ以上汚しつづけてよいのだろうか。演劇は、現実と危険との魔術的で残虐な関係なしには価値がないはずなのだ。

このように提起された場合、演劇の問題は大方の注意を呼び覚ますはずだ。なぜなら、演劇がその物理的側面により、また、空間における表現、すなわち事実上唯一の現実的な表現を要求することにより、芸術と言葉の魔術的な数々の手段に、新しい悪魔祓いとしての有機的で完全な行使を可能にするということが暗黙のうちに了解されるからである。そしてこのことから、演劇に行動としての独得な力を取り戻させるには、まずその言語を返してやらなければならないということになる。

つまり、戯曲を決定的で神聖なものと考えていつもそこに戻るのではなく、演劇の戯曲への従属を打破し、動作と思想との途中にある独特な一種の言語の概念を再発見することが何よりも大切なのである。

この言語は、対話体の言葉の表現の可能性と対立した、空間における動的な表現の可能性としてしか定義しえない。そして、演劇がまだ言葉から何かを奪い取ることができるとすれば、それは言葉が語の外へ拡張する可能性、空間へ発展し、感受性に対して解離的で発振的に作用する可能性である。この点でさまざまな抑揚やある語の特殊な発音が問題となってくる。さらにここに、聴覚的な音による言語とは別に、事物や運動や態度や動作による視覚的な言語が加わる。ただし、それには、それらの意味、表情、集合が記号にまで延長され、その記号で一種のアルファベットが作り出されるという条件がつく。この空間における言語、音と叫びと光と擬音語の言語を知れば、演劇は登場人物や事物によって、この言語を真の象形文字に組織し、その象形文字の象徴性と、それが、あらゆる器官あらゆる次元との関連で持つ対応関係を利用しなければならない。

したがって、演劇にとって問題は、言葉と動作と表現の形而上学を創造することであり、それによって現在の心理的人間的次元での足踏み状態から脱却することである。だが、これらすべてでも、もしこうした努力の裏に一種の現実的な形而上学的誘惑が、習慣化していないある種の観念への呼びかけが存在しなかったら、何の役にも立たない。ただ、これらの観念は、限定されたり形式的に描いたりできないところがまさにその宿命なのである。〈創造〉や〈生成〉や〈混沌〉に触れるこれらの観念はすべて宇宙的秩序に属し、演劇が今や完全に習慣を失ったある分野についての最初の概念を与えてくれる。それらは、〈人間〉と〈社会〉と〈自然〉と、そして〈事物〉の間に、一種の感動的な方程式を創り出してくれる。

もちろんそれは、舞台上に直接的に形而上学的諸観念を導き入れることではなく、これらの観念をめぐって種々の誘惑と呼びかけの空気を醸し出すことである。そしてこれらの観念の誘惑を方向づける方法について最初の概念を与えてくれるのは、ユーモアが持つ無軌道と、詩が持つ象徴性とイメージである。

そこで今度は、この言語のまったく物質的な面について語らなければならない。つまり、この言語が感受性に働きかけるためのすべての方式すべての手段についてである。

この言語が、音楽や舞踊やパントマイム、あるいは物真似に手を借りるといってもあまり意味がないだろう。運動、調和、リズムなどを利用するのは明白なのだから。ただ、それらいずれかの芸術の利益のためではなく、ある種の中心的な表現に協力する点でのみ利用するのである。だからといって、この言語が通常の事件や平凡な情熱を無視するわけではなく、踏切台としてなら利用する。たとえば、《破壊的ユーモア》は笑いによって理性の習慣をこの言語と和解させるのに役立つだろう。

しかし、表現というものをまったく東洋的な意味にとることで、この客観的具体的な演劇言語は諸器官を追いつめ、締めつけるのに役立つ。感受性のなかを駆けめぐるのである。言葉の西洋的な利用法を捨てて、この言語は呪文《アンカンタシオン》の語彙を作り出す。それは声を張り上げる。声の振動と性質を利用する。狂わんばかりに足拍子をとる。掘削機のように音を叩き出す。感受性を興奮させ、痺れさせ、魅惑し、搦《から》めとることを狙う。それは、動作の感覚に新しい抒情性を発揮させ、それが空間に急激に拡がることによって語による抒情性をついには凌駕する。そして最後に、言語への知的従属を打破し、動作や記号を特殊な悪魔祓いの品位にまで高め、その下に隠された新しくてより深い知性の感覚を与えるのである。

それというのも、これらすべての磁力、すべての詩情、そして直接的な魅惑の方法も、もしそれらが精神を生理的に何かへの道に向かわせなかったら、そして、もし真の演劇がある創造についての感覚を、我々には一面しか把握できず、完成はどこか他の次元にあるような創造についての感覚を与ええないとしたら、何の役にも立たないからである。

これらの他の次元が、実際に精神によって、つまり知性によって征服されるかどうかはあまり問題ではない。そうなったら、それらの次元を矮小化することになり、何の利益も意味もなくなる。大切なのは、確実な方法によって感受性がより深くより微妙な知覚状態に置かれることであり、実はそれこそ魔術や儀式の目的であり、演劇もそれら魔術や儀式の反映にすぎないということである。

技術

したがって、問題は演劇を本来の意味における機能の一つにすること、すなわち、動脈のなかの血液の循環とか脳のなかでの夢のイメージの一見混沌とした発展などと同様に、位置が限定された明確なものにすることであり、それを、注意力の効果的な連鎖と完全な隷属化によって実現することである。

演劇が自分を取り戻すには、すなわち真のイリュージョンの方法となるためには、観客に正真正銘の夢の沈殿物を与えなければならない。そこでは、観客の犯罪への嗜好、性的固執観念、粗暴性、空想、人生や事物についてのユートピア的感覚、さらには食人本能までが、仮定的幻想的な次元ではなく、内的な次元であふれ出なければならない。

言葉を換えれば、演劇はあらゆる手段によって、客観的描写的外界だけでなく、内的世界、つまり、形而上学的に考えられた人間の再検討を追求しなければならない。それで初めて、演劇における想像力の権利を口にすることができるのである。〈ユーモア〉も〈詩情〉も〈想像〉も、もしそれらが、ある無軌道な破壊力によって全上演を構成する諸形態の奇跡的な飛翔を生み出し、人間と人間が持つ現実についての諸観念と、さらには現実のなかでの人間の詩的位置とを有機的に再検討させることができなかったら、何の意味もない。

演劇を受け売りの心理的あるいは精神的機能と考え、夢自体も一つの代替機能にすぎないと信じるのは、夢と演劇が持つ深い詩的能力を低めることである。演劇が夢と同様に血なまぐさく非人間的であるとすれば、それは、それだけにとどまらず、ある永遠の葛藤と痙攣についての観念を我々のうちに忘れがたく表示し植えつけるためである。その葛藤と痙攣のなかでは人生が一瞬ごとに断ち切られ、創造におけるすべてが、構成された存在としての我々の状態に逆らって立ち上がり働きかけてくる。それはある種の〈寓話〉の形而上学的観念を具体的に現在化し永続させるためでもある。寓話の持つ残虐さそのものとエネルギーは、寓話がその起源と内容を本質的な諸原理に持ち、それを保ちつづけていることを充分に証明している。

以上のことからわかるのは、演劇の裸の言語、潜在的でなく現実的な言語は、それにエネルギーを注入してくれる諸原理の間近にいることによって、人間の神経的磁力を利用して芸術や言葉の通常の限界を踏み越えさせてくれるはずであり、それによって行動的に、つまり魔術的に、語の真の意味において、一種の全体的な創造を実現することができ、その創造のなかでは、人間は夢と出来事との間の自分の場を取り戻すだけでよいのである。

それは何も超越的な宇宙的関心によって観客をうんざりさせるということではない。全上演を読み取るための思想と行動の幾つかの深遠な鍵はあるとしても、それは、興味を持たない一般の観客には関係がない。しかし、それらの鍵はやはりなくてはならない。そして、それは我々に関わっている。

★★★

《上演》　全上演は、物理的、客観的で、誰にでも感じとれる次のような諸要素を含むであろう。叫び、訴え、出現、驚き、あらゆる種類のどんでん返し、ある種の儀式からとった衣裳の魔術的な美しさ、光の輝き、声の呪術的な美しさ、調和の魅力、音楽の珍しい響き、物体の色彩、事物の運動の生理的リズム、その上昇と下降は、誰にでも親しめる運動の脈動と結びつく。新しくて意表を突く事物の具体的出現、仮面、数メートルもある人形、照明の突然の変化、暑さや寒さを呼び覚ます光の生理的作用、その他。

《演出》　演劇の典型的な言語が構成されるのは、舞台における台本の単なる屈折の度合として考えられるのではなく、あらゆる演劇的創造の出発点として考えられる演出の周囲においてである。この典型的言語の利用と操作によって、作家と演出家という古くからの二元性は溶け去り、両者は唯一の〈創造者〉によって代わられ、その創造者がスペクタクルと行動の二重の責任を負うことになるのである。

《舞台の言語》　音節による言葉を廃止するのではなく、語が夢のなかで持っているのとほぼ同じ重要性を与えることである。

それ以外の言語については、その新しい表記法を発見しなければならない。音楽の譜面の表記に似た方法か、あるいは一種の数字的表記の利用でもよいだろう。

記号としての品位まで高められた通常の事物、そして人間の体についても、象形文字から発想を得られることは明らかである。それは、単にこれらの記号を解読可能にして、思いのままに再現できるためだけでなく、舞台上で直接読みとれる明確な象徴を構成するためにも有効だろう。

一方、数字的および音譜的表記は、声を表記する方法としても貴重である。

この言語の根抵には種々の抑揚の特殊な利用という方法があるのだから、それらの抑揚は、一種の調和的平衡と言葉の二次的な変形を形成して、それが必要に応じて再現できなければならない。

同様に、数限りない表情を仮面の状態で把握し、レッテルを貼りカタログによって整理して、舞台の具体的言語に直接的かつ象徴的に参加させることができるだろう。それは個別の心理的利用とは別個にも可能である。

さらに、象徴的動作や仮面や態度や個別あるいは全体の動きが持つ数限りない意味が演劇の具体的言語の重要な部分を構成し、暗示的動作、感情的恣意的態度、リズムと音の半狂乱の連打となって重なり合い、さまざまな反映的な動作や態度によって増幅され、精神と言語のあらゆる衝動的動作、あらゆる失敗した態度、精神と舌がうっかり犯すあらゆる間違いの堆積となっていく。それによって言葉の無能力とも呼べるものが明らかになる。そこには表現の奇跡的な豊かさがあり、それを機を逸することなく利用していくのである。

その他にも、音楽についての具体的観念がある。さまざまな音が登場人物のように介入し、和音は両断され、語の正確な介入のなかに消えていく。

ある表現手段から他の表現手段への交流と階層が創り出される。そして、照明に至るまで、明確な知的意味を持たないものは何一つなくなる。

《楽器》　楽器は物としての状態で使われ、装置の一部をなす。

さらに五官を通じて感受性に直接的に深く働きかける必要性から、音響的見地から言ってまったく習慣にない音の性質と振幅とが求められなければならない。それは今日の楽器が持っていない性質であり、古くて忘れられた楽器の使用を復活させるか新しい楽器を創り出さなければならない。さらに音楽の他に、金属の特殊な溶解か新しい化合に基づいた器具や装置で、八度音程の新しい音域に達し、刺すような堪えがたい楽音あるいは騒音が出るものを探すことが必要となる。

《光——照明》　今日劇場で使われている照明器具ではもはや充分でない。精神に対する光の特殊な作用が求められる以上、光の振動の効果が探究され、波のように、あるいは一面に、あるいは火矢の一斉放射のような新しい照明が求められる。現在使用されている器具の色彩の諧調は全面的に再検討する必要がある。特殊な色調を得るために、光のなかに希薄度、密度、不透明度等の要素を再び導入して、暑さ、寒さ、怒り、恐れなどを表わさなければならない。

《衣裳》　衣裳については、すべての戯曲に通用する演劇の制服がありうるとは考えないが、現代服はできるだけ避ける。それは、古いものに対する物神的迷信的な嗜好からではない。何世紀も前の儀式用のある種の衣裳は、特定の時代のものでありながら、それを生んだ伝統との接触によって啓示的な美と外見を保ちつづけていることがまったく明白だと思われるからである。

《舞台——客席》　我々は舞台と客席を廃止して、いかなる種類の境も区切りもない単一の場所をこれに代える。それが劇行動の場となる。それによって、観客と上演との間、観客と俳優との間に直接的な交流が回復される。そのために観客は行動の真っ只中に置かれ、行動が観客を包み、縦横に横切る。この包囲は劇場の外形そのものに由来する。

したがって、現存の劇場を捨ててどこかの倉庫か納屋を使い、ある種の教会とか聖地とか高チベットの寺院の建築に到達した方式によって、それを改造させる。

この建築の内部では高さと奥行きの特殊な比率が支配する。この劇場は四方の壁によって閉ざされ、装飾はまったくない。観客は劇場の中央の低い部分に坐り、自由に動く椅子によって周囲で展開される上演を追うことができる。事実、通常の意味での舞台がないため行動は劇場の四隅で進められていく。劇場の四つの基本方位に俳優とその行動のための特別な場所が設けられる。各場面は、光を吸うために石灰で塗られた壁を背景に演じられる。さらに、高みには、〈ルネサンス前派〉の絵に見られるような回廊が劇場の周囲全体にぐるりとめぐらされていて、それを使って、俳優たちは劇の筋の上で必要なときにはいつでも劇場の一点から別の点へ追いかけ合うことができ、劇行動が高さと奥行きの遠近法のあらゆる階層、あらゆる方向で演じられる。一つの隅で発せられた叫びが口から口へと伝わり、絶え間なく増幅され転調されて反対側の隅に達することもできる。劇行動は時にその輪舞を解き、ある階から他の階へ、一点から他の点へと弾道を描き、突然あちこちで絶頂に達し、至るところで火の手をあげる。上演の与える真実感とか劇行動の直接的無媒介的観客把握というのも、ここでは単なる言葉ではない。なぜなら、広大な空間への劇行動のこのような拡散は、舞台上の照明と公演のための種々な照明が登場人物だけでなく観客をも照らし出さなければならないからである。——そして、同時に起こる数々の劇行動、唯一の劇行動の数々の局面において、巣に群れをなす蜜蜂のように、互いにしがみつく登場人物たちが状況と諸元素と嵐のあらゆる攻撃に耐える。その劇行動の数々に照明や雷や風の物理的な手段が呼応し、観客はその煽《あお》りを喰うのである。

ただし、劇場の中央は通常の舞台としてではないが、劇行動がその頂点で必要な時にいつでも集中し結合できるように、残されるだろう。

《事物——仮面——小道具》　人形や巨大な仮面や奇怪な比率の物体などが、言葉のイメージと同じ資格で現われ、あらゆるイメージあらゆる表現の具体的側面を強調するだろう。——その代わりに、習慣上客観的な形象化が要求される事物は、割愛されるか、隠されるだろう。

《装置》　装置はない。この祭祀には象形文字のような登場人物、儀式的な衣裳、嵐のなかのリア王の髭を表わす一〇メートルもある人形たち、等身大の楽器、未知の形と用途を持つ物体などがあれば充分であろう。

《時事性》　だが、それほど人生から、世の中の出来事から、現在の関心事から遠い演劇なんて……と人は言うかもしれない。なるほど時事性や目先の事件からは遠い。だが関心事というなら、それが持つ最も深遠な核心、幾らかの人びとだけが持つ関心事からは決して遠くない。たとえば『ゾーハル』(2)における、火のように燃えるラビ・シメオンの話は火自体と同様に時事的である。

《作品》　我々は文字に書かれた戯曲を上演しない。だが、よく知られたさまざまなテーマや出来事や作品に関連して、直接的演出は試みるだろう。我々の劇場の性質と配置自体がスペクタクルを要求している。そして、どれほど広大なテーマでも、我々に禁じられたものはない。

《スペクタクル》　総体的上演の観念を再生しなければならない。問題は空間に喋らせ、空間を養い満たすことである。平らな石の城壁に坑道を掘って、そこから間歇泉と花束とを突然生まれさせることである。

《俳優》　俳優は、一方では何よりも重要な要素である。上演の成功はその演技の効果にかかっているからだ。だが他方では一種の受動的で中性的な要素でもある。なぜなら、あらゆる個人的自発性が厳禁されているからである。もっとも、この分野では確実な法則というものはない。単に嗚咽の効果を出せと求められた俳優と、本人個人の説得力を生かして演説しなければならない俳優との間には、人間と楽器とを分ける大きな余白があるからである。

《演技》　上演は初めから終わりまで一つの言語として記号化される。それによって無駄な動きもなく、すべての動きが一つのリズムに従うことができるだろう。そして各登場人物は、極端に典型化されているから、その動作、表情、衣裳などは光の線として現われるだろう。

《映画》　存在するものの粗雑な視覚化に対抗して、演劇は詩によって存在しないもののイメージを与える。それに劇行動という点から言っても、映画のイメージは、いかに詩的な場合でも、フィルムによって制限されている点で、人生のあらゆる要求に従う演劇のイメージとは比較にならない。

《残酷》　あらゆるスペクタクルの基盤に、残酷という要素がなければ演劇は不可能である。我々が今日のように堕落した状態にあるときには、形而上学を精神に到達させるには皮膚を通すほかはない。

《観客》　まずこの演劇が存在しなければならない。

《プログラム》　我々は、次の諸作品を、原文に囚われずに演出する。

1　シェイクスピア時代の一作品の翻案。今日の精神的混乱に完全に適合する作品。シェイクスピアの作とされるが疑わしい作品、たとえば『アーデン・オブ・フェヴァシャム』、あるいは同時代のまったく別の戯曲。

2　レオン゠ポール・ファルグの極度に詩的自由を持った戯曲。

3　『ゾーハル』の抜粋——〈ラビ・シメオンの物語〉。それは火災が持つ時代を超えた暴力と迫力をそなえている。

4　〈青髭〉の物語。エロティシズムと残酷の新しい観念を加えて、史料によって再構成する。

5　聖書と歴史による〈エルサレム占領〉。流れ出る血の赤い色と、照明のなかにまで見てとれる人びとの精神的虚脱感とパニック。また、他方で予言者たちの形而上学的論争。それが巻き起こす恐るべき知的動揺。その反動が〈王〉と〈寺院〉と〈民衆〉と〈事件〉に物理的に襲いかかる。

6　〈サド侯爵の短編〉。そこではエロティシズムが転移され、寓話的に形象化され、残酷の激烈な外面化という方向での衣を纏《まと》い、その他のことは隠される。

7　ロマン派のメロドラマの一つないし数編。そこでは荒唐無稽が詩の行動的で具体的な要素となるだろう。

8　ビュヒナーの『ヴォイツェック』。我々の諸原則に対する反動的精神から、また、確実な原典から舞台化できるものの例証として。

9　エリザベス朝演劇の諸作品。それらの戯曲からテクストを取り除き、時代の衣裳、劇的諸状況、登場人物、劇行動のみを摘出する。

訳註

（1）この宣言は一九三二年十月一日号（二二九号）の『新フランス評論』誌に掲載されたものの再録。なお、本書一五二頁★印以降のゴチック表記は――原書ではイタリック表記の箇所なので本書の凡例からすればすべて傍点表記すべきなのだが――読みやすさを考慮しての措置である。

（2）ユダヤ教神秘主義カバラの根本教典。〈輝きの書〉の意。二世紀の神秘家シメオンによる旧約聖書のモーセ五書のカバラ的解釈が中心で、十三世紀に編纂された。

残酷についての手紙

第一の手紙

パリにて、一九三二年九月十三日

J・Pへ(1)

親愛なる友

私の〈宣言〉に詳細な説明を加えることはできません。それは〈宣言〉の語調から新鮮味を奪う危険があります。私にできることと言ったら、さしずめ〈残酷の演劇〉という私の題について注釈を加えて、この選択を正当化することだけでしょう。

この〈残酷〉では、加虐趣味や血が問題ではありません。少なくともそれだけではない。計画的に恐怖を醸成しようというのでもありません。ここでの残酷という語は広義にとられていて、通常この語に与えられている物質的、食人種的意味ではありません。広義にとることによって、私は言語の日常的な意味と決別する権利を要求しているのです。これを最後に、既成の骨組をぶち壊し首枷を吹き飛ばして、ついに、言葉の語源に戻ろうというのです。本来言葉は、抽象的な概念を通して常に具体的な観念を思い浮かばせるものですから。

肉体を切り裂かなくとも純粋な残酷を想像することは容易です。それに、哲学的に言って残酷とは一体何か。精神の観点からは、残酷は厳格を、仮借のない適用と決意を、不可逆的で絶対的な決定を意味します。

したがって、最も一般的な哲学的決定論さえ、我々の存在から見れば、残酷のイメージの一つにほかなりません。

残酷という語に、血みどろの苛酷さや肉体的苦痛の無償で超然とした探究という意味を与えるのは間違っています。エチオピアの王が敗れた王侯たちを車で運び、自分の奴隷になることを強制するのも、血に対する絶望的な好みからではありません。事実、残酷とは流血や殉教者の肉体や十字架にかけられた敵などの同義語ではありません。拷問と残酷との一致は問題のほんの一側面でしかありません。残酷なことが行なわれるとき、そこには一種の高度な決定性があって、それには拷問の執行人自身も従っています。そして場合によっては、拷問者もその決定性に耐えることを決心しているはずです。残酷は何よりもまず、明晰であり、一種の厳格な方針であり、必然への服従です。意識なしには、一種の集中された意識なしには残酷はなく、あらゆる生の行為の営みに血の色と残酷の陰影とを与えるのは意識なのです。それというのも、生とは常に誰かの死であることがわかりきっているからです。

第二の手紙

パリにて、一九三二年十一月十四日[2]

J・Pへ

親愛なる友

残酷は私の思想に付け足されたものではありません。それはいつも私の思想のなかで生きつづけてきました。ただ、それを意識しなかったというだけです。私は残酷という語を生の欲望、宇宙の苛酷、仮借のない必然という意味で、闇を貪る生の渦巻というグノーシス教的[3]な意味で、また、苦悩という避けがたい必然性の外では生が営みえないあの苦悩の意味で使っています。善は意図されるものです。それはある行為の結果です。ところが悪は永続的です。隠れた神も創造するとき、創造の残酷な必然に従っています。創造は神自身に強制されて、神は創造しないことはできないのです。したがって、善の意図的な渦巻の中心に悪の核を受け容れないわけにはいきません。ただ、その核は次第に追い込まれ、食べられていきます。そこで、継続的な創造、全面的魔術行為という意味での演劇もこの必然性に従うのです。このような意志、このような生の欲望、盲目的で、すべてを無視することができ、どの動作にもどの行為にも、さらに、行動の超越的な側面にも認められるこの生の欲望の描かれていない戯曲は無益であり失敗作です。

第三の手紙

パリにて、一九三二年十一月十六日

R・ド・R氏へ(4)

親愛なる友

白状しますが、私は私の題に対してなされた反論を理解も承認もできません。なぜなら、私には創造と生自体が一種の苛酷さ、したがって、根元的な残酷によってしか定義できないと思われるからです。この根元的な残酷が事物をその避けがたい終末に向かって、いかなる代償を払ってでも引きずっていくのです。

努力とは残酷です。努力による存在とは一つの残酷です。休息から出て存在にまで膨張した〈梵天《ブラーマ》〉は、ある苦悩に襲われます。その苦悩は、喜びの和声の数々を生むかもしれないが、曲線の最終点では、もはや恐るべき粉砕によってしか表現されないのです。

生の火、生の欲望、生に向かう分別のない衝動のなかには、一種の初源的な悪意があります。〈エロス〉の情欲は一つの残酷です。偶発性を焼却するからです。死は残酷です。復活は残酷です。変容は残酷です。なぜならあらゆる意味において、また閉じられた円である世界のなかでは、真の死のための場所はないし、昇天は一つの引き裂きであり、閉じられた空間は生によって養なわれ、より強い生が他の生のなかを突き抜け、つまり他の生を食べ、その大量虐殺こそが変容であり、善だからです。顕現された世界では、形而上学的に言って悪が永続的法則であって、善は一つの努力であり、すでにある残酷に付け加えられたもう一つの残酷なのです。

それを理解しないということは、形而上学的な観念を理解しないということです。このあとでまだ私の題が限定されすぎているなどとは言ってもらいたくありません。事物が凝固し合うのも、創造されるものの設計が形づくられるのも、残酷によってなのです。外面には常に善がありますが、内面は悪なのです。やがては悪も消滅するでしょう。しかしそれは、すべて形あるものがまさに混沌のなかへ帰ろうとする最高の瞬間においてなのです。

訳註

（1）『新フランス評論』誌の編集長ジャン・ポーラン宛。

（2）本当は九月十二日付の手紙からの抜粋である。

（3）エジプト、シリアなどで東洋思想とギリシア思想とキリスト教との折衷によってできあがった神学の一派。

（4）アンドレ・ロラン・ド・ルネヴィル宛。

言語についての手紙

第一の手紙

パリにて、一九三一年九月十五日

B・C氏へ(1)

拝啓
貴下は、演出と演劇についてのさる記事のなかで、「演出を自立的な芸術と考えるとひどい誤りを犯す危険がある」と、
そしてまた、

「劇的作品の展示、スペクタクル的側面は、単独行動をとってまったく独立して決定されるべきではない」と確言されています。

さらに別のところでは、こうしたことは基本的な真理だとも言っておられます。

演出は奴隷化した二流の芸術にすぎず、最大限の独立性をもってそれを用いている人びとでさえ演出に根本的な独創性を認めていないというお考えについては、まったく貴下のおっしゃる通りです。演出が、最も自由な演出家たちの意識においてさえ単なる展示の手段、作品を紹介する補助的方法で、独自の意味を持たない幕間狂言的な見世物にとどまる限り、それが仕えると称する作品の後ろに隠れているほど価値があることになります。そして、こういう状態は上演された作品の興味の大部分が戯曲にある限り、また、元来上演の芸術である演劇において文学が優位に立ち、不当にも上演が、付随的で一時的表面的という悪い意味を込めて見世物《スペクタクル》と呼ばれる限り続くことでしょう。

これこそ私には他の何よりも基本的な真理だと思われるのです。つまり、独立し自律する芸術としての演劇が復活するためには、あるいは単に生き延びるためには、戯曲や純粋な言葉や文学やその他文字に書かれ固定したあらゆる手段との相違を演劇自体がはっきり示すべきなのです。

テクストの優越性に基盤を置いた演劇を考えつづけることも、もちろんできるでしょう。その場合、テクストはますます言葉に満ち、冗長で退屈になっていき、舞台の審美性はそうしたテクストに服従することになるでしょう。

しかし、こうした考え方で登場人物たちをずらりと並んだ椅子やソファーに坐らせて話をさせるというのでは、その話がどれほど素晴らしくても、そしてまた、それが演劇の完全な否定ではないにしても、さらに、本来演劇には運動が絶対に必要だとは限らないにしても、やはりそれは演劇の倒錯と言わなければなりません。

演劇が本質的に心理的なものになり、さまざまな感情の知的錬金術と化し、劇的素材の芸術の極致がついにある種の沈黙と不動を理想とするようになったら、それは、とりもなおさず舞台上での集中という観念の倒錯にすぎません。

日本人たちによって用いられる数多くの表現手段のうちの演技の集中も、まさに他の多くの手段のうちの一つとして初めて価値を持つのです。そして、それ自体を舞台上での目的にしてしまうことは、舞台を使うことを自ら禁じることにもなり、まるで王の遺骸を安置するためにピラミッドがあるのに、遺骸が壁龕《ニッチ》だけに収まるからといって、壁龕《ニッチ》だけで満足してピラミッドを爆破してしまうようなものです。

それはピラミッドと同時にすべての哲学的魔術的体系を吹き飛ばしてしまうことになります。だが壁龕《ニッチ》はその体系の出発点であり、遺骸はその条件にすぎません。

他方では、戯曲を無視して装置にばかり念を入れる演出家も確かに間違っています。もっとも、その間違いも演出に念を入れることを犯罪視する批評家ほどではないかもしれません。なぜなら、ある演劇作品のなかで、その上演の真に、また、とくに演劇的な部分である演出に念を入れることによって、演出家は制作こそ問題である演劇の真の路線に沿っているからです。しかし、賛成派も反対派も、実は言葉を弄んでいるのです。というのも、演出という言葉が習慣によって軽蔑的な意味を持ってしまったのは、分節言語に他のすべての上演手段より高い価値を与えるヨーロッパ的演劇観のせいなのです。

語による言語が、可能な限りの最良のものだという絶対的な証拠はありません。そして、舞台は何よりもまず、埋めるべき空間であり何かが起きる場所ですから、その上では、語による言語は記号による言語に席を譲るべきだと思われます。記号が持つ事物的側面こそ最も直接的に訴えかけるからです。

こうした角度から考えるとき、事物を扱う仕事としての演出は一種の知的品位を取り戻します。この仕事によって、動作のあとに語が消えていき、演劇の造型的審美的部分が装飾的媒介としての性格を捨てて本来の意味での言語、直接的交流のための一つの言語となるからです。

言葉を換えれば、話すために書かれた戯曲に対して演出家が、多少とも巧妙に照明を施した装置とか、群衆処理とか、ちょっとした動きとか、これらのいわば上っ面の効果の数々に気を取られて戯曲をごてごてと飾り立てるのは間違いだというのが本当だとしても、そうすることでこの演出家は、舞台の持つ空間的な必要性がわからず、したがって舞台に頼ろうとしないで本だけに閉じ込もっている作者よりは、遥かに演劇の具体的現実に近づいているのです。

反論として、偉大な悲劇作家たちの作品の高度な劇的価値が挙げられるかもしれません。それらの作品では、まさにその文学的側面、少なくとも話される部分が支配的に思われるではないかと。

それに対してはこう答えましょう。アイスキュロスやソポクレスやシェイクスピアについて、今日我々が彼らにふさわしい観念を与えることができないのは、おそらく彼らの演劇の物理についての感覚を失ってしまっているからでしょう。一つの朗唱、一つの動作、舞台のリズム全体の持つ直接に人間的で行動的な側面がわからなくなっているからでしょう。そしてこの側面こそ、登場人物たちの心理の言葉による見事な解剖と比べて、それ以上ではなくても少なくとも同等の重要性を持っていたに違いないのです。

この側面によって、つまり時代とともに変化し、したがって感情を現代化することができる確実な動作という手段によってこそ、彼らの演劇の深い人間性を再発見することができるのではないでしょうか。

しかし、それができても、そして、そうした物理が実際に存在したとしても、私がさらに主張したいのは、これらの偉大な悲劇作家たちの作品がどれ一つとして演劇そのものではないということです。演劇そのものとは、舞台における物質化であり、その物質化によってしか生命を持たないからです。だから演劇は劣った芸術だと言いたければ言えばいいでしょう。──しかし、そうでしょうか！──とにかく、演劇は舞台の空気を満たし、それに生命を与えるある種の方法のなかにこそあるのであって、確かにそのためには、宙吊りにされた状況を生み出すさまざまな人間の感情や感動のある一点での衝突を使いますが、それらの状況は具体的な動作によって表現されるのです。

それどころかこれらの具体的動作は、話される言語の必要性を忘れさせるほど強力な効果を持たなければなりません。そこでもまだ話される言語が存在するとしたら、それは動揺する空間の次の展開へのきっかけであり、中継点でしかありません。そして、種々の動作の接合剤としてのその言語は、強力な人間的効果によって、真に抽象的な価値にまで達しなければなりません。

一語で言えば、演劇は、具体性と抽象性の深遠な同一性についての実験的証明の一種となるべきなのです。

なぜなら、語による文化と並んで動作による文化があるからです。世界には西洋的言語の他に多くの言語があります。我々の言語は観念を裸にし、干涸《ひから》びさせることを選びました。それはさまざまな観念を無気力な状態でしか示さず、東洋の諸言語のようにその通過によって自然との類似の全体系を揺り動かすことがなくなってしまったのです。

演劇はこれら類似による広大な揺れが起こる最も効果的で行動的な通過の場でありつづけ

ていることが正しいのです。その揺れのなかで、飛翔する数々の観念を、それが抽象に変質していくある一点で捕らえることができるのです。

諸観念のこのような軟骨様の変形を考えに入れなければ完全な演劇はありえません。完全な演劇はありふれたできあいの感情に半意識の領域に属す精神状態の表現を付け加えます。そしてこのような精神状態の表現には、動作による暗示のほうが、語による正確だが局部的な限定よりも、常に遥かに優れているのです。

一言で言えば、演劇についての最も高度な観念とは、我々を哲学的に〈生成〉と和解させてくれる観念であり、事物のなかへの諸観念の通過と変質とについての秘められた観念を、あらゆる種類の事物の状況を通して暗示してくれるものであって、語のなかへのさまざまな感情の変化と衝突についての諸観念を暗示することは遥かに少ないのです。

さらに、演劇が生まれ出たのはまさにそのような意図からだったのですが、演劇は、人間が自己の宿命と磁気的にめぐり合う程度に応じ、またその角度からだけ、人間とその欲望を介入させるべきであって、それも宿命に堪えるのではなく、宿命によって自らを計るという視点から使うべきだと思われるのです。

第二の手紙

パリにて、一九三二年九月二十八日

J・Pへ

親愛なる友

私の〈宣言〉を読まれた今も、あなたが相変わらず反論を持ちつづけられるとは信じられません。それとも、あなたは実は読まなかったか、あるいは読み方が悪かったのです。私の上演は、コポーの即興(2)とは何の関係もありません。私の上演がどれほど具体のなかへ、外界へ沈み込もうと、また、脳髄という閉じた部屋ではなく開かれた自然のなかに足を踏みしめているからといって、俳優の無教養で無反省な気まぐれの着想にまかされるものではありません。ことに現代の俳優は戯曲から抜け出すと、たちまち水に溺れたように何もわからなくなる。

そのような偶然に、私の上演の、演劇の運命をまかせるなんて、とんでもありません。

実際には次のようなことです。つまり、芸術創造の出発点を変えて、演劇の習慣的法則をひっくり返すだけのことです。分節言語の代わりに性質の異なった別の言語を使うことです。それは、表現能力は語による言語と等価値だが、その源が思考のより深く隠れた点にあるような言語です。

この新しい言語の文法はこれから見つけなければなりません。動作がその素材でも頭脳でもあります。いわば、始めであり終わりです。この新しい言語は、既成の言葉からより遥かに多く言葉の《必要性》から発します。しかし、言葉のなかに行き詰まりを発見して自発的に動作に戻ってきます。その通りすがりに、人間の物質的な表現の法則の幾つかに触れます。必要性のなかに沈み込みます。こうしてこの新しい言語は、言語創造に至った行程を、詩的に辿り直すのです。しかも、言葉の言語に動かされた諸世界についてのさまざまな意識をも加えて、それらの世界のあらゆる側面を蘇らせるのです。人間の言葉の音節がその諸層のなかに折り込み固定し閉じ込めることで殺してしまった種々の関係を再び明るみに出すのです。たとえば、火事の〈火をともすもの〉を意味する語が、循のように我々を火事から守ってくれる〈父なる火〉という言葉が、ギリシア語の〈父ゼウス〉となり、そのラテン語の短縮で〈ジュピター〉という形に至ったような、ある語が辿ったすべての操作を辿り直すのです。叫び声、擬音語、記号、態度、神経の遅く豊かで情熱的な変調などによるすべての操作を、段階ごとに、一語一語やり直すのです。というのも、私は、原則として語はすべてを言おうとはせず、その本来の性質からいって、その確定的で一度決められたら固定してしまう性格からいって、思考の発展を許し助けるよりも、それを止め麻痺させてしまうと考えるからです。そして、ここで言う発展とは、我々が具体的で拡がりのある世界にいる以上、実際に具体的で拡がりを持つ性質を意味します。したがって、この言語は拡がりを、つまり空間を取り囲み利用することを目指し、それを用いることによって、空間に語らせるのです。すなわち、対象を、拡がりのなかの事物をイメージとして、語として取り出し、それを集めて象徴性と生きた類似性の法則に従って互いに呼応させるのです。その法則こそあらゆる詩と生命力のある言語の永遠の法則です。なかでもそれは中国の表意文字とエジプトの古い象形文字の法則でもあるのです。したがって、文字に書かれた戯曲を上演しないからといって、演劇と言語の可能性を狭めるどころか、私は舞台の言語の幅を拡げ、その可能性を倍加するつもりなのです。

私は、話される言語に別の言語を加え、古い魔術の効果、呪縛的で総体的な効果を言葉の言語に返そうというのです。人びとは言葉の言語の神秘的な可能性を忘れてしまっているのです。文字に書かれた戯曲を上演しないというのは、書かれたものと言葉に基盤を置いた戯曲を上演しないという意味であり、私が上演するスペクタクルでは物理的な部分が優先し、語による通常の言語で書かれたり固定されたりしえないものであり、話され書かれる部分はあっても、それはまったく新しい意味で書かれ話されるということなのです。

それは、ここで、つまりヨーロッパで、さらには西洋全体で行なわれているのとは正反対の演劇であって、対話に基盤を置かず、わずかに残っている対話自体も前もって書かれ固定されるのではなく舞台の上で決められるのです。対話は、態度、記号、運動、事物からなるもう一つの言語と、そしてそれらの必要性との相関関係のなかで舞台上で考えられ創造されていくのです。しかし、素材から直に生じるこれら事物の暗中模索のうちに、一つの必然として、一連の圧縮、衝突、舞台的な摩擦、あらゆる種類の進展の結果として、〈言葉〉が現われてくるでしょう。——(このようにして、演劇は、再び生き生きした正統的操作となり、あの感動的鼓動を保ちつづけるでしょう。それなしには芸術は無償なのです）。——これらの暗中模索、探究、衝撃も、ついには一つの作品、記載された一つの構成となって、わずかな細部まで固定され、新しい記述手段によって記録されるでしょう。この構成、この創造は、一人の作家の脳髄のなかではなく自然そのもののなかで、実際の空間のなかでできあがります。そして、最終的な結果は文字に書かれたどの作品の結果とも同様に厳密で定着したものとなるでしょう。しかも、それに事物の遥かな豊かさが加わっているのです。

追伸——演出に属するものは作家によって取り戻され、作家に属するものも同様に作家に返されなければなりません。ただし、そのときには作家自身が演出家になっているのであって、こうして作家と演出家との間に存在する馬鹿げた二元論は解消されます。

舞台の素材に直接ぶつかり、舞台の上で動いてみながら自分の方向を決め、その方向の力を上演に盛り込むということをしない作家は、実際、自分の使命を裏切ったことになります。そんなときには俳優が作家の代わりをするのも正しいのです。しかし、このような権利の侵害を我慢せざるをえない演劇は気の毒なものです。

演劇のテンポは呼吸に支えられ、時には、大きな呼気の意志によって急《せ》き立てられ、時には、女性的で引き延ばされた吸気によって折れ曲がったり薄れたりします。ある動作が急に止められれば、狂暴なうごめきが幾重にも走ります。この動作はそれ自体のなかにその喚起の魔術を持つのです。

しかし、演劇の活力に満ちた強い生命力について幾らか示唆するのはいいとしても、法則を固定することは慎まなければなりません。

確かに、人間の呼吸は幾らかの原則を持ち、それらはすべて降神術《カバール》(3)の三元素の数限りない組み合わせを基盤にしています。主な三元素は六組あり、その組み合わせは無数です。なにしろ、あらゆる生命はそこから出てきたのですから。そして、演劇はまさにこの魔術的な呼吸が思いのままに再現される場所なのです。ある重大な動作の固定はそのまわりに切迫して繰り返される呼吸を惹き起こし、その拡大された呼吸の波動が、固定された動作のまわりにゆっくりと打ち返すのです。抽象的な幾らかの原則はあっても、具体的で造型的な法則はありません。唯一の法則は、息苦しい沈黙から痙攣の切迫した描写に至る、また、一人の人間の言葉の低い声（メゾ・ヴォーチェ）からゆっくり集まる合唱隊の重くるしく広大な嵐に至る、詩的なエネルギーだけです。

しかし大切なのは、ある言語から他の言語への諸段階と見通しを創り出すことでしょう。空間における演劇の秘密、それは不協和音であり、音色のずれであり、表現の鎖を弁証法的に断ち切ることです。

言語とは何かについて意見を持つ人なら、我々を理解してくれるでしょう。そして、我々はそういう人のためにだけ書いているのです。別のところで、〈残酷演劇の第一宣言〉を補う幾らかの詳細説明を加えるつもりです。

本質的なことはすべて第一宣言に述べられているので、第二宣言は幾らかの点をはっきりさせるだけです。利用できる〈残酷〉に定義を与え、舞台空間の一つの描写を提案します。次いで、それをどう使うかを示すつもりです。

第三の手紙

パリにて、一九三二年十一月九日

J・Pへ

親愛なる友

〈残酷の演劇の宣言〉について、あなたに、したがって私になされた数々の反論のうち、あるものは残酷に関するもので、私の演劇で残酷がなぜ使われるのか、少なくとも本質的決定的な要素としてどう働くのかよくわからないというものであり、他の反論は、私が考えている演劇自体に関するものです。

第一の反論については、反論を加えた人びとにも一理あると思います。ただし、残酷についてでも演劇についてでもなく、私の演劇で残酷が占める位置についてのことです。私がこの言葉を非常に特殊な使い方をしていることを、そして、この語を、挿話的附随的に、加虐趣味や精神の倒錯や桁外れの感情や不健全な態度から使っているのではない、つまり、決して場あたり的な意味で使っているのではないことをもっとはっきりさせるべきでした。ここでは、血みどろの動作や汚れた肉体にさらに病的な瘤《こぶ》をつけて表わされるような悪徳としての残酷、倒錯的欲望の芽としての残酷のことではないのです。それどころか、それは、ある無欲で純粋な感情であり、精神の真の活動であり、生そのものの動作から引き写されたものなのです。そして、生は、形而上学的に言って、また、拡がりと厚みと重みと物質とを容認している以上、その直接的結果として悪を受け容れ、同時に、悪と空間と拡がりと物質に本質的に内在するすべてを容認していると考えられるのです。そして、そのすべての行き着く先が意識であり苦しみであり、意識のなかの苦しみです。生に内在するそれらとともにさまざまな偶発事がどれほど盲目的な苛酷さをもたらそうと、生はその営みを止《や》めるわけにはゆきません。それなしには生は生でなくなってしまうからです。この苛酷さ、そして、それを無視し、あらゆるものを拷問にかけ蹂躙して営まれる生、この冷酷で純粋な感情、それこそが残酷なのです。

つまり、「生」あるいは「必然」という代わりに、私は「残酷」と言ったのです。私にとって演劇は行為であり絶え間ない発散であり、そこには枯渇したものは何もないこと、また、私は演劇を真の、したがって生き生きとした行為、つまり魔術的な行為と同等に扱うつもりだということをとくに示したかったからです。

私は、演劇を高度な観念に、私が演劇に関して抱いているおそらく極端な、しかしとにかく活力に満ちた荒々しい観念に近づけるための、技術的実際的なあらゆる方法を探っているのです。

〈宣言〉の書き方については、それが唐突で、大部分が失敗であったことを認めます。厳密で意外で、険悪で恐ろしい側面を持つ原則を次々に並べながら、その正当化が待たれている瞬間に次の原則に話を移してしまっています。

すっかり言ってしまえば、あの〈宣言〉の弁証法は弱体です。ある考えから次の考えに、何の推移もなく跳んでいます。いかなる内的必要性もあの構成を正当化していません。

あとのほうの反論については、私の主張は、演出家が本当に演出家になるためには、つまり、物質と事物を扱う人間になるためには、仮借なく純粋に何としても成果をもたらそうと秘かに考えている一種の創造者《デミウルゴス》(4)となって、物理的な領域で、激烈な運動、悲愴で明確な動作を開拓しなければならないということです。それらの運動や動作は、心理的な次元では最も絶対的で全体的な精神的厳格さと、また宇宙的次元ではある種の盲目的な力の解放と対応しなければなりません。その力が活性化すべきものは活性化し、砕き焼き尽くすべきものは砕き焼き尽くすのです。

そして、全体の結論は次の通りです。

演劇はもはや芸術ではない。あるいは無用の芸術である。今では演劇はあらゆる点で西洋的芸術観に迎合している。我々は装飾的で空虚な感情や単に心地よさと綺麗事に汲々とした無目的な活動にうんざりしている。我々は行動する演劇を望む。だがその行動の次元がまず定義されなければならない。

我々は本物の行動を必要としている。だが、その行動は実際的な結果は伴わない。演劇の行動が繰り広げられるのは社会的次元ではない。まして、道徳的心理的次元ではない。

ここで、問題が決して単純でないことがわかる。したがって、我々の〈宣言〉がどれほど混沌とし、わかりにくく、とっつきにくいとしても、少なくとも真の問題を避けていないという点は認めてもらえるだろう。それどころか、宣言は真の問題に正面からぶつかっている。

これはずっと以前からどの演劇人も敢えてしなかったことなのである。誰一人として演劇の原則、形而上学的である原則そのものに立ち向かったものはいない。そして、価値ある戯曲がほとんどないのも才能や劇作家がいないからではないのである。

才能の問題はさておいて、ヨーロッパの演劇には、原則についての根本的な誤りがある。そして、この誤りはあらゆる事態と結びついてしまっていて、才能の欠如も単なる偶然ではなく結果と見なされるのである。

現代が演劇に興味を失い背を向けているのは、演劇が現代を表現しなくなったからであり、現代の支えになるような〈神話〉を演劇が提供することを期待しなくなったからである。

我々はおそらく世界の歴史のなかで唯一の時代を生きている。世界がふるいにかけられ、古い価値が次々と崩壊するのを目の当たりにしている。焼き尽くされ灰となった生が基盤から溶解していく。それが道徳的社会的次元では、欲望の怪物的な爆発と最低な本能の野放しとなって現われ、あまりに早く炎にさらされた生は火花を散らして燃え尽きてしまう。

今日のさまざまな事件で興味深いのは、事件そのものではなくて、それらの事件が人間の精神を突き落とすあの精神的沸騰状態、あの極端な緊張度である。それらの事件が我々を溺れつづけさせる意識の混沌状態である。

これらすべては精神の平衡を失わせはしないが、それを揺り動かし、精神にとって生の根元的鼓動を表出する悲愴な手段なのだ。

ところが、この悲愴で神秘的な時事性に演劇は背を向けてしまった。これほど時事性について無知な演劇に観客のほうが背を向けるのは当然である。

したがって、現に行なわれている演劇に対して想像力の恐るべき欠如を非難することができる。演劇は生と肩を並べなければならない。個人的な生活、《性格》が勝ち誇っている生の個人的側面ではなく、一種の解放された生、個人性が払拭され人間も一つの反映でしかない生と同等にならなければならない。〈神話〉を創造すること、生の宇宙的で広大な側面を表現し、我々が再び戻りたい世界のイメージを生から摘出すること、それこそ演劇の真の目的である。

さらに、それによってある種の全般的な相似、瞬間的に効果を発揮する強力な相似に到達することである。

その相似が、卑少な個人性を犠牲にした一つの〈神話〉のなかで、〈過去〉から来た〈登場人物〉たちを、〈過去〉のなかで再発見された力とともに、我々に解放してくれるのである。

第四の手紙

パリにて、一九三三年五月二十八日

J・Pへ

親愛なる友

私は何も直接現代に働きかけるつもりだと言ったことはありません。私は、私のやりたい演劇が可能であり現代に受けいれられるためには、ある別の形の文明が予想されなければならないと言ったのです。

演劇は同時代を上演しなくても、時代の精神の支えとなっている種々の観念や風習や信仰や原則の深い変化を推し進めることはできます。いずれにしろ、それで私のしたいこと、それも厳密にやってみたいことが妨げられることはありません。私は夢見た通りにします。

それが駄目なら何もしません。

スペクタクルについてはこれ以上補足的な説明はできません。その理由は次の二つです。

1　第一に、今度だけは珍しく、私のやろうとしていることは口で言うよりやって見せるほうが易しいからです。

2　第二に、今まで何度もしてやられたように、剽切される危険を冒したくないからです。

私に言わせれば、舞台の操作に直接携わるもの以外には、誰も作者、すなわち創造者だと主張する権利はありません。そしてまさにそこにフランスばかりでなくヨーロッパ、さらには西洋全体で演劇と考えられているものの弱点があるのです。西洋演劇は、分節言語、文法的に分節された言語、つまり言葉の言語、それも書かれた言葉、つまり発音されようとされまいと文字に書かれなければ価値が落ちる言葉の言語しか言語と認めず、言語としての能力や効果を付与せず、言語という語に一般に与えられる知的品位を込めて言語と呼ぶことを許さないのです。

我々が西洋で考える演劇ではテクストがすべてです。語による言語こそ優れた言語だということが当然とされ、決定的に受け容れられ、風習のなかにも精神のなかにも喰い込み、精神的な価値の一つに数えられているのです。だが、西洋的な見方からでも、言葉が骨のように硬化し、語が、それもすべての語が凍りつき、それぞれの意味のなかで、図式的で制限された用語法のなかでがんじがらめになっていることは認めなければなりません。現在行なわれている演劇では、文字に書かれたある語が発音されたその語と同じ価値を持っています。ある種の演劇の愛好家が戯曲を読むほうが同じ戯曲の上演を見るより遥かに確実で大きい喜びが得られると言うのもそのせいです。そういう人びとには、ある一つの語の特殊な発音の仕方、その語が空間に拡げる振動、そして、思想に加えることができるすべてを見逃してしまうのです。このように理解された語はほとんど論証的、つまり説明的な価値しか持ちません。そして、このような条件の下では、用語法が完全に定義され決定されている以上、語は思想を停止させ、思想の輪郭を明らかにはするがそれを終わらせてしまうためのもの、つまり、語は一つの行き詰まりでしかないと言っても誇張ではないでしょう。

演劇から詩が失われたのにはそれだけの理由があったことがこれでわかります。遥か以前から劇詩人が姿を現わさないのも、さまざまな状況の単なる偶然によるのではありません。言葉の言語には法則があります。四百年あるいはそれ以上昔から、とくにフランスの演劇では語を定義という意味でしか使わないことに馴れすぎてきたのです。劇行動を心理的主題をめぐって展開させすぎました。ところが、心理的主題の本質的な組み合わせは無数というわけにはいかない。それどころか、知れたものです。そのため演劇は好奇心と、そしてとくに想像力の欠如に馴れすぎてしまったのです。

演劇も言葉と同様に自由のままにしてやらなければなりません。

登場人物たちに厳密に心理的な次元のさまざまな感情や情熱や欲望や衝動についてだけ対話させ、明確さを尊ぶという理由で、一つの語に数限りない身振りの代わりをさせることに固執した結果が、演劇に真の存在理由を失わせ、ついには、生に耳を傾けるためには沈黙が望ましいということにまでなってしまったのです。西洋的な心理が表現されるのは対話のなかであり、明晰ですべてを言い切る語に憑かれたことが、かえって語を枯渇させることになってしまっているのです。

それにひきかえ、東洋の演劇は語にある種の膨張力を持たせつづけることを知っていました。それというのも、語のなかでは明晰な意味だけがすべてではなく、無意識に直接話しかける言葉の音楽もあるからです。こうして、東洋の演劇では言葉による言語はなく、動作、態度、記号による別の言語が、行動しつつある思想という見方から、言葉による言語と同等の膨張的で啓示的な価値を持っているのです。そして、東洋ではこの記号による言語を言葉による言語の上に置き、それに直接的な魔力を与えています。この言語を単に精神ばかりでなく感覚に訴えるように導き、感覚を通して、運動の只中にある感受性のより豊かで実り多い領域に到達させるのです。

　したがって、もし言葉による言語を左右するのが作家であり、演出家はその奴隷であるというのなら、そこにはただ単に言葉の問題があるだけです。術語の混同があるだけです。その混同は、一般に演出家という術語に人びとが与えている意味に従って、我々が演出家を職人か脚色者にすぎず、ある劇作品を一つの言語から他の言語に移すことに汲々としている一種の翻訳者にすぎないと考えるところから来ているのです。そして、語による言語が他の言語より優れていて演劇にはその優れた言語しか認めないと考えている限り、この混同が可能であり、演出家は作者の影に身を隠すことを強《し》いられつづけるのです。

　しかし、言語の源が呼吸にあり造型的で行動的であることを少しでも考えてみれば、語とそれを生む生理的運動とを結びつけてみれば、言葉の生理的感情的な側面の下にその論理的説明的側面が姿を隠したら、つまり、語が文法的な意味としてだけ理解されるのではなく、その音響的な角度から聞かれ、種々の運動として受け取られ、それらの運動自体が生活のさまざまな場合では行なわれていながら舞台では俳優たちによって充分行なわれていない他の運動と溶け合ったら、文学の言語も再構成され活性化するのです。そして、その傍らでは、幾らかの古い画家たちの絵のように、物自体も話しはじめるでしょう。光もただの背景ではなくなり、真の言語の外見を持つでしょうし、舞台の上の事物も意味に満ちあふれて唸り声を上げ、秩序を生みさまざまな図柄を示すでしょう。そして、この直接的で物理的な言語を左右するのは演出家だけなのです。そこにこそ演出家にとって、完全な自律性のうちに創造を行なう機会があるのです。

それにしても、他の分野より生に近い領域で、その領域の主人である演出家が、本質的に言って抽象のなかで、すなわち紙のなかで仕事をする作家に、何かというと一歩譲らなければならないというのは不思議な話です。たとえ演出の業績に、語による言語に勝るとも劣らない動作による言語がなかったとしても、台詞のない部分ならどんな演出でも、その動き、多くの登場人物、照明、装置などによって、ルカス・ヴァン・デン・ライデンの『ロトの娘たち』やゴヤの『悪魔の饗宴』やグレコの『復活と変容』やヒエロニムス・ボッスの『聖アントワーヌの誘惑』のような、そして、画面の一部に置かれているのに激流のように至るところから湧き上がる赤い光が、どんな技術的手段によるのか、画布から一メートルほどのところに人の目を釘づけにして我を忘れさせるあの老ブリューゲルの「ドゥーレ・グリート」のような、それら絵画の深奥さに匹敵できるはずなのです。ブリューゲルの絵には至るところで演劇がうごめいています。白い光の輪に囲われていた生の動乱が、突然、名づけようのないどん底に突き当たります。蛆虫たちの狂宴からは鉛色の軋むような物音が立ち昇ります。そこでは人間の皮膚の痣《あざ》は一つとして同じ色をしていません。真の生は活動的で白色です。隠された生は鉛色で固定していて、数限りない不動性を示す可能な限りの態度を所有しています。それはまさに、物言わぬ演劇です。しかし、話すための言語を持つよりも遥かに多くのことを物語っています。これらの絵はみな二重の意味を持っているのです。純粋に絵画的な面の他にある教訓を含んでいて、自然と精神についての神秘的で恐るべき側面を明らかにしてくれるのです。

しかし、演劇にとって幸いなことに、演出とは遥かにそれ以上のことなのです。なぜなら、物質的で厚みを持つ手段の数々による表現の他に、純粋な演出は動作や表情の変化や動く態度や音楽の具体的な利用などによって、言葉が持つすべてのものも含み、しかもその上、言葉そのものも使うからです。音節のリズミックな反復や声の特殊な変調などが、語の正確な意味に衣を着せて、一気により多くのイメージを脳髄のなかに注ぎ込み、多かれ少なかれ幻覚的な状態を惹き起こし、感受性と精神に一種の有機的変化を強《し》い、それが文字に書かれた詩からその共通の特徴である無償性を奪い去るのに役立つのです。そして、この無償性のまわりにこそ演劇についてのすべての問題が集っているのです。

訳註

（1）おそらくバンジャマン・クレミュー宛。

（2）ジャック・コポーは俳優の即興性を重んじ、とくに俳優養成のため即興劇の訓練を行なった。

（3）ユダヤ教による旧約聖書の神秘主義的解釈と、それによる降神術。「感性の体操」の項参照。

（4）プラトン学派のいう創造主。

残酷の演劇（第二宣言）[1]

口に出そうと出すまいと、意識していようといまいと、観客が恋愛や犯罪や麻薬や戦争や反乱を通して求めているのは、結局、詩的状態、生の超越的状態にほかならない。〈残酷の演劇〉は、情熱的で痙攣的な一つの生についての概念を再び演劇に連れ戻すために設立された。強烈な苛酷感、舞台の諸要素の極端な圧縮の感覚こそ、この演劇の基盤をなす残酷であると理解されなければならない。

この残酷は、必要な場合には流血ともなるが、いつもそうなると決められてはいない。むしろそれは、支払うべき代償を生に対して払うことを恐れない一種の厳しい精神的純粋性の観念と融合するものである。

1　内容の見地から

すなわち、扱われる素材と主題について。

〈残酷の演劇〉は我々の時代に特徴的な動揺と不安に呼応する素材や主題を選ぶであろう。

人間と現代生活についての〈神話〉を明らかにする仕事を映画にまかせず、残酷の演劇は固有の方式によって、すなわち、世界の経済的、功利的、技術的方向への地滑りに反対することによって、現代演劇が偽の文明人という釉薬《うわぐすり》で蔽ってしまった本質的で偉大な関心事、偉大な情熱を流行させる。

そのための主題は宇宙的であり普遍的であり、メキシコやインドやユダヤやイランの古い宇宙開闢説の最古の原典に求められるだろう。

残酷の演劇は、性格も感情も明確に割り切られた心理的人間とは縁を切り、また、法律に従属し宗教と戒律によって変形された社会的人間にでなく、全体的人間に訴えかける。

そして、人間のうちに精神の表ばかりでなく裏をも吹き込む。そこには想像と夢の真実が生活と同じ次元で現われてくる。

その他、社会的大変動や民族と民族、人種と人種間の衝突や自然の力や偶然の介入や宿命の磁力などが、ある場合は神々や英雄や怪物の背丈をもって神話的尺度に拡大された登場人物たちの狂乱や動作によって間接的に示され、ある場合は新しい科学的手段によって得られる物質的表現形式で直接的に示されるだろう。

これらの神々、英雄たち、怪物たち、自然と宇宙の力は、最古の神聖な原典と古い宇宙開闢説のイメージに倣って演じられるだろう。

2　形式の見地から

演劇は、観客のなかで最も後ろ向きで散漫な部分にとっても、永遠に情熱的感動的な一つの詩の源泉に浸り直す必要があり、それは古い原始的〈神話〉に戻ることで実現される。そこで我々はそれらの古い葛藤を、テクストではなく演出が、物質化し、そしてとくに現代化することを要求する。つまり、それらの主題が言葉のなかに流れ込む以前に、運動として表現として動作として物質化され、演劇のなかに直接持ち込まれるのである。

こうして、我々は演劇の持つテクストへの迷信と作家の専制を拒絶する。

こうしてまた、言語による変形と言葉や語による暗礁の外で、直接精神によって感じられ表現される古い民衆的スペクタクルに復帰することができるのである。

我々は、演劇の基礎を何よりもまずスペクタクルに置くつもりであり、そのスペクタクルに空間についての新しい概念を導き入れ、空間を可能な限りのあらゆる次元、奥行きにおいても高さにおいてもあらゆる遠近法の段階において使用していく。そして、空間のこの新しい概念に時間の特殊な概念が合流し、さらに運動の概念がそれに加わる。

すなわち、一定の時間内に可能な限り多くの運動を行ない、それに、それらの運動と結びつく可能な限り数多くの物理的イメージと意味とを加えるのである。

このように使われるイメージや運動も単に外面的に目や耳を楽しませるだけでなく、より深奥で有益な精神の楽しみとなるだろう。

このようにして、演劇空間は単にその規模と容量だけでなく、いわば、その裏側〔＝奈落〕まで利用されることになる。

イメージと運動の交錯は、事物、沈黙、叫び、リズムなどの共謀によって、語ではなく記号に基づいた真の物理的言語の創造に至るだろう。

なぜなら、一定の時間内に行なわれるこれらの運動やイメージのなかに、我々は沈黙やリズムも介入させ、同時に、現実になされ利用される動作や事物によってある種の振幅、ある種の物質的興奮をも構成していくからである。この純粋な演劇的言語の創造には、最も古代的な象形文字の精神が支配していると言ってもよい。

民衆的な観客は常に直接的な表現とイメージを好んできた。だが、分節言語、言葉による説明的表現も、劇行動が明白ではっきり解明される部分のすべてでは使われるだろう。その部分では生が休息し、意識が介入しているからである。

しかし、語はその論理的意味と同時に、呪術的で真に魔術的な意味でも使われるだろう。——つまり、語の意味だけでなく、その形態や感覚的発散が利用される。

なぜなら、いかに怪物を実際に出現させ英雄や神々を並べたて、種々の力を造型的に示し、詩とユーモアとを爆発的に介入させて真の詩すべてが持つ無軌道と類似の原則に従って外見を解体し粉砕したところで、それらの真の魔力が発揮されるには催眠的暗示の雰囲気のなかで、感覚に直接加えられる圧力によって精神が動揺しなければならないからである。

　胃薬がわりの今日の演劇では、神経、つまり生理学的感受性が故意に除けものにされ、観客の個人的な気まぐれにまかされている。それに対して、〈残酷の演劇〉は感受性を掌握するための古くからの確かな魔術的手段のすべてに戻るつもりなのである。

　それら古い手段は強烈な色、光、音からなり、振動や痙攣、音楽的リズムあるいは話される文章の反復を利用し、照明の色調や包囲による交流を介入させるが、完全な効果を得るためには不協和音の使用も必要となる。

　しかもこれらの不協和音にはただ一つの感覚に訴えるという制限を設けず、ある感覚から他の感覚に、色から音へ、言葉から照明へ、動作の震動から音の平面的な音色へなどとまたがって使うのである。

　このように構成構築されたスペクタクルは舞台の廃止によって劇場全体に拡がる。それは、床から出発して軽快な吊橋によって四方の壁に達し、物質的に観客を包み込み、観客を光とイメージと運動と騒音の湯浴みのなかに押しとどめる。巨大な人形の背丈まで拡大された登場人物たち自身と、常に場所を変える事物や仮面を照らす動く光が描き出す光景とが装置の代わりとなる。

そして、空間に隙間を作らないのと同様に、観客の精神や感受性にも猶予や空虚を与えない。つまり、人生と演劇との間にはっきりした分離や断絶を作らないのである。映画の撮影現場を少しでも見たことのある人なら、我々が言おうとすることを正確に理解してくれるだろう。

我々は演劇の上演のために、映画製作のために毎日のように無駄使いされている物質的手段を、照明についてもエキストラについても、あらゆる種類の豊かさについても使おうというのである。ただ異なるのは、映画のフィルムではこのような物量の展開が持つ活動的で魔術的なものすべてが永遠に失われてしまっているということである。

〈残酷の演劇〉の第一回の上演は次のように名づけられるであろう。

★★★

『メキシコの征服』

それは人間たちでなく事件を扱うだろう。人間たちも与えられた場所でその心理と情熱を持ち込むが、それらはある種の力の発散として捉えられ、事件と歴史的宿命のなかで彼らが果たした役割という角度から描かれるだろう。

この題材が選ばれたのは次の理由による。

1　それの持つ時事性と、それがヨーロッパおよび世界にとっての死活問題についてあらゆる暗喩をもたらす。

歴史的な見方からは、『メキシコの征服』は植民地問題を提起する。それは、相変わらずヨーロッパに生きている自惚れを荒々しく仮借なく血まみれの姿で再現する。それはヨーロッパが持っている優越感を萎《しぼ》ませるのに役立つ。それはまたキリスト教をそれよりずっと古い宗教と対立させる。西洋が異教やある種の自然信仰に対して抱いている誤った概念を裁き、それらの宗教の基盤となっている古い形而上学的根元が持つ常に現代的な詩情の崇高さを悲愴で灼熱的な方法で強調する。

2　植民地化という問題、ある大陸が他の大陸を奴隷化する権利を持つと信じ込むという恐るべき今日的な問題を提出すると同時に、ある特定の人種が他の人種より優れているかどうか、この場合は実際に優れているかどうかという問題を提起することによって、ある人種の真髄を文明の明確な諸形態と結びつける内的な近親関係を示す。この上演は植民地主義者たちの無軌道な暴政をやがて被征服者となる人びとの深い精神的調和と対峙させる。

次いで、最も不正で根強い物質的原則を基盤にした当時のヨーロッパの王政の無秩序に対して、異論の余地のない精神的原則の上に確立されたアズテック王朝の有機的な階級制度を明らかにしていく。

社会的な見方からは、すべての人に食べる物を与えることを知っていて、そもそもの起源において〈大革命〉を成し遂げてしまっていたある社会の平和を示す。

精神的無秩序やカトリックの無軌道と異教の秩序との衝突から、種々の力とイメージの前代未聞の動乱を噴出させ、そのあちこちに荒々しい対話が散りばめられるだろう。そしてそれは、正反対の観念を烙印のように植えつけられた人間同士の闘争となって現われる。

以上で、この上演の精神的内容と時事的興味については充分強調したので、次には舞台にかけようとするこの闘争の視覚的価値について述べよう。

まず、〔ヨーロッパとアズテックの間で〕引き裂かれた王モンテズマ(2)の内的闘争がある。その動機については歴史は何もはっきりさせることができていない。

そこで、それらの闘争とこの王の象徴的な論議を、占星術の視覚的な神話によって絵画的客観的に描き出す。

ところで、モンテズマ以外にも群衆がいる。社会のさまざまな層がある。モンテズマによって代表される宿命に対して、民衆が反抗し、懐疑的な人びとが叫び、哲学者や僧侶たちが屁理屈をこね、詩人たちが哀歌を歌い、商人やブルジョワが裏切り、女たちが二枚舌と性的放埒に走る。

群衆の精神と事件の息吹きはスペクタクルのなかで物質の波となって場所を代えながら、あちこちに力のさまざまな方向を定めていく。その波の上を幾らかの人びとの、あるいは力を殺《そ》がれ、あるいは反抗的な、あるいは絶望した意識が藁しべのように漂うのである。演劇的な問題は、それらの力の諸方向を決定し、調和し、集中して、そこから暗示的なメロディーを引き出すことである。

これらのイメージ、運動、舞踊、儀式、音楽、欠落のあるメロディー、急転回する対話などは、できる限り、注意深く語で記録され描写されるだろう。とくに、スペクタクルのうち対話でない部分の記録は重要である。なぜなら、語で描写されないことも音楽の譜面のように記録し数字化できるようになることが原則だからである。

訳註

（1）第二宣言は一九三三年、ドノエル社刊の一六頁の小冊子として発行された。残酷の演劇有限会社設立のための株主募集のためであった。本文はその再録である。

（2）一五〇二年から一五二〇年までのメキシコ、アズテック王朝の王。ヨーロッパの植民に協力しようとしたが、利用されただけで、反乱のとき暗殺されたらしい。

感性の体操(1)

俳優が感性のための一種の筋肉を持っていて、それが種々の感情の生理的部位と呼応していることは認めなければならない。

その点では俳優はまさに肉体を使う運動選手と同じだが、それには驚くべき補正を加えなければならない。運動選手の器官に対応するのが俳優の類似した感性的器官であり、それは運動選手の器官と平行し、その分身のようなものである。ただし、それは同じ次元では働かないのである。

俳優は心の運動選手なのである。

俳優に対しても人間全体を三つの世界に分けて考えることができる。その場合、感性の世界こそとくに俳優に属している。

この世界は有機的に俳優に属している。

努力するときの筋肉の運動は、その分身である別の努力の肖像のようであって、劇の演技でのさまざまな運動でも同じ部位に位置づけられる。

運動選手が走るために力を入れる部位は、俳優が痙攣的な呪詛を投げつけるときに力を入れるところと同じである。ただ、努力の方向が内部へ向けられるだけである。

レスリング、パンクティオン[2]、一〇〇メートル競走、高跳びなどのあらゆる驚異は、情熱の運動においても類似の器官に基盤を見出し、同じ生理的支点を持っている。

ただし再び新たな補正を加えれば、情熱の場合は運動が逆だということで、たとえば呼吸の問題だが、俳優の場合は体が呼吸によって支えられているのに対して、レスリングや体操の選手の場合は呼吸が体に支えられている。

実際、この呼吸の問題は根本的である。それは外面的演技の重要性と反比例の関係を持つ。演技が簡潔で内的であればあるほど、呼吸は大きく密度が高く、内容に富み反映に満ちている。

それにひきかえ、激情的で多量で外面化する演技には、短く砕ける波頭のような息が呼応する。

それぞれの感情に、精神の運動に、人間の感性の跳躍に呼応し結びつく一つの呼吸があることは確かである。

ところで、呼吸の拍子にはそれぞれの名前があって、降神術がそれを教えてくれる。呼吸の拍子が人間の心にその形を与え、呼吸の性が運動にさまざまな情熱を与えるのである。

俳優は粗雑な経験主義者であり、わずかな本能に導かれる接骨医にすぎない。

しかし、どう思われようと、俳優に錯乱することを教えるというのではない。

問題は現在の演劇のすべてが落ち込んでいる血迷った無知ときっぱり手を切ることである。現在の演劇は闇に包まれたかのように無知の只中をさまよい、絶えずつまずいているのである。天賦の才に恵まれた俳優なら、ある種の力を捕らえそれを輝かせる手段を自分の本能のなかに見出すだろう。しかしその俳優も、それらの力が実は体のさまざまな器官を通る物質的な道筋を持ち、しかもその道筋が諸器官のなかにあること、そしてそれらの力は実際に存在するのだということを明らかにしてやったらさぞ驚くだろう。なぜなら、俳優はそんな力がいつか存在したなどとは思ってもみなかったからである。

レスリングの選手がその筋肉を使うように自分の感性を利用するには、人間存在を一つの〈分身〉と見なければならない。〈エジプトのミイラの霊〉のような感性の力に輝く永遠の幽霊のようなものと見なければならない。

それは造型的だが決して完結しない幽霊であって、真の俳優はその諸形態を真似て、その形態に自分の感受性の形態やイメージを与えるのである。

演劇はこの分身に影響を与え、この幽霊の肖像に形を与える。そして、すべての幽霊のように、この分身も長い思い出を持っているのである。心の記憶は長続きする。そして、俳優は、確かに自分の心によって物を考えるが、しかし、ここではその心が何より優先するのである。

つまり、演劇では他のどこでよりも、俳優が感性の世界を意識しなければならないということである。ただし、この世界にイメージの効力ではなく物質的な感覚を含んだ効力を持たせなければならない。

この仮説が正しかろうと誤っていようと、重要なのは、それが検討に値するということである。

生理学的には魂も一かせの振動に帰することができる。

同様に、この魂の幽霊も自ら発散する叫びに中毒していると見ることもできる。そうでなかったら、ヒンドゥーの呪文[3]、あの語尾同音、あの神秘的な抑揚は何に呼応しているというのだろう。そこでは、隠れ家にまで追いつめられた魂の物質的な裏面がその秘密を白昼にさらしているのである。

魂が流体の物質性を持っていると信じることは、俳優の職業にとって欠かすことができない。情熱が物質であり、物質の造型的な変動に左右されることを知れば、種々の情熱に領土を与え、我々の主権を拡げることができる。

種々の情熱を純粋な抽象と考えずに、情熱が持つ力を通じてそれと合流すれば、俳優はある支配力を与えられ、本物の治療師と肩を並べられる。

魂が体に出口を持っていることを知れば、逆戻りすることによって魂に達することもできる。そして一種の数学的類似によって、魂の存在を再発見できる。

情熱の拍子の秘密を知ること、情熱の調和的な鼓動を規制しているこの種の音楽的テンポの秘密を知ることこそ、現代の心理的演劇がずっと以前から思いもしなかったことなのである。

ところが、このテンポは類似によって再発見されるのである。それは、稀元素と同様に、呼吸を配分し保存する六つの方式のなかに見出される。

どのような呼吸でも、三段階で行なわれる。あらゆる創造の基盤に三つの原則があるのと同様で、呼吸においてもこの三原則のそれぞれに見合った姿を見出すことができる。

〈降神術〉は、人間の呼吸を六つの主要な秘法《アルカーヌ》に分け、その第一を〈大いなる秘法〉と呼び、創造の秘法としている。すなわち、

両性《アンドロジーヌ》　雄《マール》　雌《フメル》

平衡《エキリブレ》　膨張的《エクスパンシフ》　牽引的《アトラクテイフ》

中性《ヌートル》　実在的《ポジテイフ》　虚無的《ネガテイフ》

そこで私は、呼吸についてのこれらの知識を単に俳優の仕事のためだけでなく、俳優の職業の準備のためにも用いることを思いついた。なぜなら、もし呼吸についての知識が魂の色合いを明らかにしてくれるなら、そればかりでなく、魂を挑発してその開花を容易にしてくれるはずだからである。

もし呼吸が努力に付随するなら、呼吸を機械的に発生することでそれに見合った質の努力を活動中の器官のなかに生み出せるのは確かである。

努力は人工的に作り出された呼吸の色合いとリズムを持つことになるだろう。

努力が共感によって呼吸に伴い、生じさせようとする努力の質に応じた呼吸を予備的に発散することで、その努力を容易に、また自発的にするだろう。私はとくに自発的という語に固執する。なぜなら、呼吸は生に火をつけその実体を燃え上がらせるからである。

意志的な呼吸が惹き起こすもの、それは生の自発的な再出現である。それは戦士たちが両側に眠っている無限の峡谷のなかの一つの声にも似ている。朝の鐘や進軍のラッパの働きかけで戦士たちは規則正しく戦乱に突入する。ところが突然、一人の子供が「狼だ」と叫ぶ。同じ戦士たちは目を覚ます。覚めて見るとまだ真夜中だ。警報の間違いだと、戦士たちは帰ろうとする。ところが違う。彼らは敵の大軍と鉢合わせして、まったくの窮地に陥る。子供は寝ぼけて叫んだのだった。ただ、その子の無意識は感が鋭く、あたりを浮遊しているうちに敵軍とめぐり会ったのである。このように、廻り道を手段として演劇の惹き起こした嘘もある現実とめぐり会う。しかもそれは日常の現実より恐ろしく、生が予想もしなかった現実なのである。

同様に、俳優は呼吸の研ぎ澄まされた鋭さによってその個性を彫り下げるのである。それというのも、生を養なう呼吸は、その生の各段階を一歩一歩遡ることを許してくれるからである。俳優が持っていない感情にも、呼吸の効果を巧みに組み合わせられれば、それによって達することができる。とくに呼吸の性を間違えてはならない。呼吸には雄と雌があり、両性ということは少ない。一方、停止状態も貴重であって、それを描写しなければならない可能性もある。

呼吸は感情に伴う。そこで、呼吸によって感情に達することができる。ただしその場合、その感情に合った呼吸を他の多くの呼吸と区別できなければならない。

すでに述べたように、呼吸には主な組み合わせが六つある。

中性　男性　女性
中性　女性　男性
男性　中性　女性
女性　中性　男性
男性　女性　中性
女性　男性　中性

そして、第七番目の状態がこれらの呼吸の上にあり、高位な〈グナ〉[4]の門、〈本質存在《サトヴァ》〉[5]の状態を通って、発現されたものと発現されないものを結びつけるのである。

もし誰かが、俳優は本質的に形而上学と無縁であり、そのような第七の状態を気にする必要はないと主張するなら、我々は次のように答える。演劇が宇宙の発現の完全で最も全体的な象徴であるとはいえ、俳優こそ自己のうちにこの第七の状態、この血の道の原理を持っているのであって、その道を辿ることで俳優は彼の潜在的な器官が眠りから覚めるたびに他のすべての状態に入って行くことができるのである。

確かに、多くの場合にはこの定義しようのない概念の欠如を本能が補っている。それに、現代の演劇に満ちている中間的な情熱に達するためならこれほど高いところから飛び込む必要もないだろう。したがって、呼吸の体系は中間的情熱のためのものではまったくない。何も、不倫の恋の告白のために、古くから使い馴らされた方法で繰り返されてきた呼吸の錬磨を準備することはないのである。

我々は、叫び声の微妙な特質を使い分け、魂の絶望的な訴えを表わす素質を吐息に与えるためにそれを七回、十二回と繰り返すのである。

そして、その呼吸を緊張と弛緩の状態の組み合わせに位置づけ、配分する。我々の体をふるいとして、意志と意志の弛緩をより分ける。

意志を思う拍子では雄の呼吸の一拍を力一杯投げ出し、そして、区切りがあまり感じられないうちにゆったりとした女性的な拍子を続ける。

意志を持たないと思うか、あるいは思い自体がない場合の拍子では、疲れた女性的呼吸が地下室のむっとした空気のような、森の湿った息吹のような息となって吐き出される。そして、同じ拍子が引き延ばされる間に、我々は重苦しい呼気を排出する。その間も我々の全身の筋肉はそれぞれの筋肉部位で振動し、働きつづける。

重要なのは感性的な思考のこれらの部位を意識することである。その認識の一つの手段は努力している点を見きわめることで、生理的な努力が加えられる点が感性的思考の発散のために力の入る点であり、それらの点がある感情の表出のための踏切台としても使われるのである。

注目すべきことは、すべて女性的なもの、放棄とか苦悩とか訴えとか祈りなど、つまり嘆願の動作で何かに向かっているものも努力の諸点を拠り所とするが、それは水面に浮かび上がるために海底を踵で蹴る潜水夫のような努力だということである。緊張があった場所に虚無の噴流が起きるのである。

だが、その場合、女性的なものの場所へ男性的なものが霊のように取り憑きにやってくる。感性的な状態が雄のときに、体内は一種の逆の幾何学を構成する。裏返しの状態の一つのイメージを作り出すのである。

生理的な固執観念を、感性に触れられる筋肉を意識することは、呼吸の働きと同様に潜在的な感性を解き放ち、それに密かだが深遠で異例な激しさを持つ拡がりを与えることに等しい。

こうした生理的知識によって、俳優なら誰でも、まったく才能に恵まれないものでも内的な密度を増し自己の感情の量を高めることができるし、器官のこの把握は内容豊かな表現を伴うと思われる。

この目的のために幾らかの部位を知るのは悪いことではないだろう。

人間が重いものを持ち上げるのには腰を使う。腰を曲げることによって両腕の力もさらにいっそう補強できる。面白いのはその逆に女性的で落ち込んだ感情、たとえば嗚咽とか嘆きとか痙攣的な喘ぎとか恍惚状態とかがその虚脱感を表わすのがまさに腰の高さのところだと認められることである。そして、その同じ場所に中国の鍼術の腰のツボが散在している。それというのも中国の医術はすべて虚と実によって行なわれるからである。凸と凹、緊張と弛緩、〈陰と陽〉[6]、つまり男性と女性である。

また別の放射点、それは怒りや攻撃や非難の部位で太陽神経叢の中心にある。頭はその精神的毒液を投げつけるためにそこを支点とする。

英雄的行為と崇高の点はまた罪の点でもある。胸を叩くときの位置である。それは怒りが煮えたぎり、地団駄を踏みながら先へは進めないときの場所でもある。

だが、怒りが進み出ると罪の意識は引っ込む。ここに虚と実の秘密がある。

急激で引き裂かれた怒りは、まず弾けるような中性で始まり、急速で女性的な虚によって神経叢に集まり、次いで両肩甲骨に堰き止めれてブーメランのように逆戻りして雄の火花をその場に撒き散らす。火花は先に進まずそこで燃え尽きる。しかし、痛烈な調子は失っても、雄の呼吸との相関関係は保ちつづけ、火花は激しい息を吐き出させるのである。

ここでは、この技術的な小論の主題である実りある諸原則をめぐっての幾らかの実例を挙げるにとどめたが、別の機会があれば他の論文によってこの体系の完全な解剖を行ないたい。中国の鍼術には三八〇のツボがあり、そのうち主だった七三の点が通常の治療に用いられている。それに比べて我々人間の感性の出口は粗雑で遥かに数少ない。したがって、魂の体操の基盤として指定できる力点も遥かに少ないだろう。

秘訣はこれらの力点に、筋肉から皮を剝ぎとるような激痛を与えることである。あとは、叫び声がすべてを完成してくれる。

かつて観客がスペクタクルに自己の現実を求めた頃のような時代との連鎖を再び練り上げるには、観客が一息一息、刻一刻、スペクタクルと一体化できなければならない。

この観客はスペクタクルの魔術によって繋ぎ止めるだけでは充分でない。観客のどこで捉えるかを知らなければ、魔術にも繋ぎ止められない。支えとなる科学を持たない手当り次第の魔術や詩はもう沢山である。

今後、演劇においては詩と科学が一体とならなければならない。

あらゆる感動は諸器官を基盤としている。俳優は感動を自分の体内で培養してこそ、その電圧を充電できるのである。

触れなければならない体の部位を前もって知っていることが、観客を魔術的な恍惚状態に投げこむことでもある。そしてこの種の貴重な科学についての習慣を、演劇における詩は、遥か以前から失ってしまっているのである。

★★★

体の部位を知ること、それは魔術の鎖を再び編み出すことである。
そして私は、呼吸の象形文字によって聖なる演劇の観念を再発見できると思っている。

注記――ヨーロッパでは誰一人として叫ぶことができなくなっている。ことに恍惚状態の俳優たちには叫び声が出せない。喋ることしか知らず、演劇でも肉体を持っていることを忘れ果てているらしい人びとは、同時に自分たちの喉の使用法も忘れてしまっている。異常な状態に落ち込んだ喉はもはや一つの器官ではなく、怪物的な喋る抽象物でしかない。フランスの俳優たちは、今や喋ることしかできないのだ。

訳註

（1）一九三五年頃、雑誌『ムジュール』に掲載予定だった原稿を収録したもの。
（2）古代ギリシアの拳闘をまぜたレスリング。
（3）サンスクリットの神聖な格言マントラ。
（4）サンスクリットの母音の中庸のアクセントのことだが、アルトーはそれを比喩的に使っているものと思う。
（5）原語では **sattwa** サンスクリットの **sat-tvá**（存在、本質）か。
（6）前後の関係から言って明らかに逆だと思われるが原文のママとした。

二つのノート

その1　マルクス兄弟[1]

我々が見た最初のマルクス兄弟の映画『けだもの組合』は、私ばかりでなく、誰の目にもある異常なものと映った。それは、語やイメージの習慣的な関係からは通常生まれ出ない特殊な魔術をスクリーンという手段によって解放したものであり、もし超現実主義と呼ばれる精神の特徴的な状態、明白な詩的段階があるとしたら、この『けだもの組合』はまさに全面的にそれに加わるものである。

この種の魔術が何からできているのかを言うのは難しい。いずれにしろそれは、おそらくとくに映画的なものでも、また演劇に属しているものでもなく、超現実主義の成功した詩だけが、そんなものがあったとしてのことだが、その観念を与えられるだろう。『けだもの組合』のような映画の詩的性質はユーモアの定義と呼応するだろう。ただし、ユーモアという語が遥か以前から失ってしまっている意味、精神における完全な解放、すべての現実の分裂という意味においてである。

『けだもの組合』のような映画の、強力で全体的で決定的で絶対的な独創性を（これは誇張ではない。私はただ定義しようと努力しているだけなのだが、熱狂に引きずられているとしてもそれはしかたがない）、また、『いんちき商売』にも時に（少なくとも、その結末部分全部に）感じられるそれを理解するには、ユーモアの概念に、さらに何か不安なもの、悲劇的なもの、宿命的なもの（といっても幸福でも不幸でもなく、いわく言いがたいものだが）を付け加えなければならない。そのようなものがユーモアの後ろに忍び込んでいる。まるで、絶対的な美の横顔の裏側から恐るべき病気が現われるようである。

『いんちき商売』で再び見られるマルクス兄弟は、それぞれ独特の典型を作り、自信を持って今にも状況に立ち向かおうとしているのがよく感じられる。『けだもの組合』では、それも冒頭から、登場人物たちがみな面子を失ってしまっていたのに、ここでは映画の四分の三までが、遊び戯れ悪ふざけを続けるクラウンたちの大活躍で過ぎていく。もっとも、その活躍の幾つかは非常に上手くできている。きわどいことになるのは結末に近づいてからである。事物も動物も音も、主人と召使いたち、主人とお客たちもすべてが激昂し、蹴とばし合い反抗し合って、それをマルクス兄弟の一人が恍惚として、同時に明晰な調子で解説していく。彼はついに解き放つことができた精神に興奮して、その解説を唖然としたまま一時的に引き受けてしまったように見える。あの一種の人間狩り、仇同士の戦い、牛小屋や一面に蜘蛛の巣が張った納屋の暗闇のなかでの追跡ほど、幻想的で同時に戦慄的なものはない。しばらくすると、男たち女たち動物たちは堂々めぐりの輪を切って、奇妙な品物が山と積まれた吹きだまりで落ち合う。そして、今度はその品物の運動や騒音が次々と役を演じるのである。

『けだもの組合』のなかで一人の女がいきなり長椅子の上にひっくり返って、両足を天高く上げ、一瞬のことだが、我々が見たがっているものをすっかり見せてくれる。また、一人の男が客間でいきなり一人の女に飛びつき、彼女と二、三歩踊ったかと思うと、同じ拍子で女の尻を叩きはじめる。こうした場面には一種の精神的自由の行使がある。社会の約束や習慣によって閉じ込められていた登場人物それぞれの無意識が復讐し、同時に我々の分まで復讐してくれるのである。ところが、『いんちき商売』では逃げ場を失った一人の男が美女とめぐり会い、彼女と詩的に、つまり身のこなしの魅力と優雅さを求めて踊る場面があり、そこでは精神的な復権要求は二重に現われ、マルクス兄弟の悪ふざけのなかにある詩的でおそらくは革命的なものすべてを示している。

　また、この追われる男と美女とが踊るときの音楽が郷愁と逃避の音楽であり、解放の音楽であるところに、これらのユーモアに満ちた悪ふざけが持つ危険な側面が現われ、詩的精神はそれが働くときに常に一種の沸騰する無軌道に向かい、詩によって現実を完全に風化しようとしていることがわかる。

　この種の映画はアメリカ人の精神に属すが、もし彼らがこれらの映画を単にユーモアとしてしか受け取らず、そのユーモアについてもこの語の持つ意味の安易で滑稽な部分しか認めないとしたら、彼らにとってまことに気の毒だ。しかし、それは我々が『いんちき商売』の結末部分を無軌道と全面的反抗の讃歌と考えることを妨げないだろう。仔牛の鳴き声をおびえる女の叫びと同じ知的水準に置き、同じ質の明晰な苦悩を感じさせるあの結末、不潔な納屋のなかで誘拐者である召使い二人が主人の娘のむきだしの肩を思う存分にいじり回し、あわてふためいた主人をまったく対等に扱い、そしてそれらがみなマルクス兄弟のとんぼ返りのあの、これもまた知的な、酩酊状態の真っ只中で起こるというあの結末。これらすべての成功は、ここでの出来事すべてが闇のなかから引き出した視覚的でも聴覚的でもある熱狂の種類に、それらが達した振動の度合いに、それらの集合が精神に投影する強い不安の種類にあるのである。

その2　『母をめぐりて』(2)――ジャン＝ルイ・バローの劇的行動

ジャン＝ルイ・バローのスペクタクルには、一種の見事な半人半馬がいる。ジャン＝ルイ・バローはその半人半馬の登場によって、我々に魔術を引き戻してくれたかのようで、彼を前にしての感動は大きかった。

このスペクタクルは、舌で口蓋を叩くだけであたりに雨を降らせる黒人の魔術師の呪文が魔術であるのと同じく魔術的である。力尽きた病人の前で、時に魔術師は自分の息に奇怪な病気の形を与え、それによって息とともに病気を追い払う。同じように、ジャン＝ルイ・バローのスペクタクルでは、母の死に際で叫びの合唱が生命を持つ。

このような成功作がただちに傑作と言えるかどうかは知らないが、いずれにしろ、一つの事件ではある。いきり立った観客をも突然盲目的に引きずり込み、有無を言わせず無力にしてしまうこれほどの雰囲気の変化に対しては事件として敬意が払われなければならない。

このスペクタクルには隠れた力があり、それが、今にも反逆に移ろうとしている魂を大きな愛が包むように、観客を捉えてしまう。

若々しく大きな愛、若々しい逞しさ、自発的で生き生きした灼熱、それが、厳格な運動を通して、魔術的に整列した森のなかの木々の柱廊をわたって鳴り響く小鳥の囀《さえず》りのように様式化された数学的な動作を通して、駆けめぐるのである。

この神聖な雰囲気のなかで、ジャン＝ルイ・バローは野性の馬の動作を即興的に行ない、人は急に彼が馬になったのを目の当たりにして驚くのである。

彼のスペクタクルは、動作の持つ抵抗しがたい作用を証明している。空間における動作と運動の重要性を誇らかに示している。彼は演劇的視野が失うべきでなかったこの重要性を再認識させている。つまり、舞台を悲愴で生命に満ちた場にしているのである。

このスペクタクルは舞台と関連し、舞台の上で組織されている。舞台の上でしか生きられない。ただ、舞台の視野のどの一点をとっても感動的な意味を持たないところはない。

その生き生きした動作、断続的な形象の発展のなかには一種の直接的で生理的な呼びかけがある。古い慰めの言葉のような、何か説得的で一度憶えたら忘れられないものがある。

人は、あの母の死を、空間と時間のなかで同時に繰り返される叫び声とともに忘れることはないだろう。あの叙事詩的な川渡り、人間たちの喉に込み上げる火、それに、動作の次元のもう一つの火の手が、まるで寓話の精霊が降りてきたかのように部屋中を駆けめぐるあの半人半馬がとくにそれに応える。

失われた精神のこのような名残りは、ただバリ島の演劇だけが今日まで守りつづけてきていると思われていた。

ジャン゠ルイ・バローが宗教的精神を連れ戻すのに描写的で世俗的な手段を使ったとしても、すべて正統的なものは神聖であり、彼の動作が象徴的な意味を持つほど美しければ一向に構わない。

確かに、ジャン゠ルイ・バローのスペクタクルには象徴がない。彼の動作を非難するとしたら、それらが我々に象徴の幻影を与えながら、実は現実の輪郭を辿っていることだろう。彼らの行動がいかに激しく積極的であっても、結局、延長がないのはそのためである。

延長がないのは行動が単に描写的であり、外面的事実を物語っていてそこに魂の介入がないからである。思想にも魂にもその核心に触れないからである。そしてそこにこそ、こうした形式の演劇が演劇的であるかどうかの問題よりも遥かに重大な、彼に対する非難が存在しうるのである。

この上演は演劇の手段を使っている。――というのも、物理的な場を開く演劇はその場が満たされることを、空間を動作によって埋め、その空間を自己のうちに魔術的に生かし、そこで音の鳥籠のふたを開け、そこで音と動作と声との新しい関係を見出すことを要求しているからである。――そしてこの点で、ジャン＝ルイ・バローがやったことはこれこそまさに演劇だと言うことができる。

しかし、一方では、この上演は頭を持っていない演劇なのである。つまり、動作がもはや単なる通り道になるような深奥なドラマ、魂より深い神秘、魂を引き裂く葛藤がないのである。人間が一個の点でしかなく、生がその源泉を飲み干すドラマがないのである。もっとも、誰がこれまでに生の源泉を口にしたというのだろう。

（誰が知っていよう、ジャン＝ルイ・バローがその強力な地上的感受性によって用いた精神に遡るあの動作ではなく、動作を支配し、生の力を解き放つような精神を。また、誰が知っていよう、真に結びつけまた解きほぐす動作、形態もなく類似もなく、そこでは形態をとった馬の類似がもはや一つの大きな叫びの果てにある影にすぎないような、そのような動作を)。[3]

訳註

(1) 一九三二年一月一日号(二〇〇号)の『新フランス評論』誌に掲載された映画評の再録。マルクス兄弟は四人兄弟のアメリカのヴォードヴィルおよび映画の俳優。

(2) 一九三五年七月一日号(二六二号)の『新フランス評論』誌に掲載された劇評の再録。『母をめぐりて』はフォークナーの『死の床に横たわりて』をバローが自由に脚色して上演した実験劇。

(3) ( )の部分は三八年版にはないが、アルトーがこの部分の脱落したことを怒っているので、とくに全集版の註から訳出した。

訳者あとがき

本書はアントナン・アルトーの"*Le Théâtre et son double*"の翻訳である。同書は一九三一年から一九三五年までのあいだに『新フランス評論（N・R・F・）』誌に発表された論文を著者自身がまとめ、さらに幾らかの書き下ろしを加えて、まず*Collection Métamorphoses IV*, Gallimard, 1938に単行本として出版され、次いでANTONIN ARTAUD : *ŒUVRES COMPLÈTES TOME IV*, GALLIMARD, 1964に詳細な註とともに収められている。

翻訳にあたっては全集版を底本とした。前記メタモルフォーズ版を参照し、エヴァー・グリーン叢書の英訳やフィッシャー版のドイツ語訳も利用した。

訳書の初版は一九六五年の『演劇とその形而上学』（白水社）で、世界的な学生運動と小劇場運動が華やかな時代に、アルトーの本書の翻訳はそれなりに先端的な仕事だった。それだけに目いっぱい気張ってやたらに難しく訳している。誤訳もあるし、そうでなくても遥かに適切な訳文があるはずだと思う箇所が至るところに残っていて、いずれ訳し直さなければとは考えていたが、あっという間に三十年がたってしまった。幸い、このたび白水社が奇特なことにアルトーの著作集を出版し、そのなかに本書を収めてくれることになり、半年ほどかけて全面的な新訳を試みることができた。

それに伴って、書名も『演劇とその形而上学』から『演劇とその分身』に変えた。初版のときも double の訳がなかなか難しく、本文中の「演出と形而上学」や以下に引用するアルトー自身の手紙を参考にして意訳し、次のような言いわけを旧「訳者あとがき」に書いた。

本書の題名は直訳すれば「演劇とその二重《ドゥーブル》」であるが、内容を読んでいただければわかるように、アルトーは、古代エジプトの死者の影という意味から派生した、霊という語義で用いているようである。

題名を選択するに当って、一九三六年一月二十五日付のジャン・ポーランへの手紙（全集版第五巻二〇二頁）の中で次のように言っている。

「私は、私の本に適当な題名を見つけたように思います。それは『演劇とその二重《ドゥーブル》』です。なぜなら、もし演劇が生《ヴィ》を映し出す《ドゥーブル》ものなら、生も本当の演劇を裏打ち《ドゥーブル》するからです。このことは、オスカー・ワイルドの芸術についての考え方とは何の関係もありません。この題名は、私が長い間かかって探し出したと信じている演劇の数々の霊《ドゥーブル》、つまり形而上学、ペスト、残酷などと呼応するでしょう。

それは神話の持つエネルギーの宝庫であって、すでに人間はその化身とはならず、演劇がそれらを実現するのです。そして、私はこの霊《ドゥーブル》という語を、一つの魔術的で偉大な媒介《アジャン》と考えます……（以下略）」

これまでの題名のみの邦訳では「演劇とその分身、雛形、原型、二重性、影」などが用いられて来ているが、いずれも一長一短である。本書の題名は、その内容からあえて「演劇とその形而上学」とした。これも必ずしも適題とはいえないし、本文中では、前後関係によって霊《ドゥーブル》とも、分身《ドゥーブル》とも訳してある。また、アルトー自身も場所によっては、ドゥーブルの代わりに、オンブル（影）とも言っている。題名の訳の不充分を内容によって訂正していただきたい。

どうやらアルトーのいうドゥーブルとは、演劇の基礎になるもの、裏付けるものというような意味らしく、日本語の〈分身〉、つまり一つのものが二つに分かれるということではないようだが、その後、本書を「演劇とその分身」とする研究や記事が多いようであり、アルトー著作集の刊行に当たり、編集者の意見もあって改題することにした。

伝記は（スティーヴン・バーバー著『アントナン・アルトー伝――打撃と破砕』が白水社より近刊なので）ここでは省略するが、アルトーにおいてはすべてが異常である。精神医たちの診断がそうであったからというのではなく、演劇人としても詩人としても、異常性こそアルトーの価値だった。だがそれは明晰さや美しさと少しも矛盾しない異常であり、本書の演劇論も一つの極論である。それは親切な手引書でも、巧妙な推論でも、綿密な学術書でもなく、独断と偏見と誤解に満ちた詩人の叫びでしかない。しかし、それだからこそ、そこに演劇や芸術についてばかりでなく広く文化についての現代の証人としての言葉を汲み取れるのではないだろうか。

演劇において、言葉の通常の意味を否定し、言葉による言語を超えたものを目指しながら、しかも、そのことを本書では言葉で表わそうとしていることもあり、また、本質的に詩人であるアルトーのことだから、原文はかなり難解である。できるだけ平明を心掛けたつもりだが、修飾語や関係代名詞による息の長い文章のため、訳文にも勢い緊張感を強いられた。ある語の持つ二重の意味がかけて使われている場合が多いのも訳者泣かせで、旧訳ではたとえば「物理的」とも「生理的」とも解釈できる「フィジック」という語などの訳語にそのつど原語を仮名ルビにして付したが、かえって煩瑣になる恐れもあるので、新訳では割愛した。

もともとアルトーは東洋に対する関心が強く、若い頃にハーンの『怪談』中の「耳なし芳一」を訳したりしているくらいだが、その知識は断片的で我田引水が多い。本書でも、エジプト、サンスクリット、チベット、バリ島、日本、中国、メキシコなどの事象を盛んに引用するが、訳者にはその真偽を批判する能力がないので、明らかな誤りと思われるもの、たとえば「紀元前六六〇年に日本の聖都メカオで」（二六頁）などという記述もそのまま残した。

アルトーと本書についての研究書は、本書の初版（『演劇とその形而上学』）の当時はほとんど皆無だったが、一九五六年に刊行開始されていたアルトー全集が七〇年代に入ってから膨大な註つきで続々と出版され、今や三〇冊になんなんとする大全集に膨れ上がったし、研究書もヴィルモーの『アルトーと演劇』（七〇年）などを皮切に続々と出版された。また、一九七一年には全集第一巻が現代思潮社から翻訳出版されているし、新潮社からは『ヴァン・ゴッホ』が出ている。論文も、『海』掲載の渡辺守章「肉体の言語」（七〇年）、ソンタグ「アルトー論」（七四年）、雑誌『ユリイカ』の特集「アントナン・アルトー」など、これも枚挙にいとまがない。

また、手ごろな伝記にはブローの『アントナン・アルトー』（白水叢書）もある。個人的には、最近になってようやく読んだ Monique BORIE : *Antonin Artaud, le théâtre et le retour aux sources*, Bibliothèque des IDÉES, nrf, Ed. Gallimard, 1989 が興味深かったが、このところまったく不勉強なのでさらに詳細な研究書紹介は今回のアルトー著作集の他書の翻訳を担当する新進気鋭の専門家におまかせしたいと思う。

……………………

原書本文中のイタリックおよび大文字などは基本的に、訳文中の傍点、および〈　〉ないし《　》とした。ただし、文法上の当然の大文字には括弧を付していない。

原注は＊印をつけて示し、その段落のあとに入れた。また、訳者註には（　）つきの数字を付し、各章の末尾にまとめて記したが、本文中に〔　〕の形で補ったものもある。

……………………

新訳に当たって、拙稿を詳細に点検し適切な指摘をしてくださった宇野邦一・坂原眞里両氏と編集担当の和久田頼男氏に厚く御礼申し上げます。

一九九五年十一月

訳者

訳者略歴
一九二七年生まれ。
一九五一年、早稲田大学卒業。
現代フランス演出史専攻。
早稲田大学名誉教授。
主要訳書
ベケット『モロイ』
共訳書
『ベスト・オブ・ベケット』
『ベスト・オブ・イヨネスコ』
『ベスト・オブ・コクトー』

本書は一九九六年に「アントナン・アルトー著作集Ⅰ　演劇とその分身」として小社より刊行されました。

演劇とその分身《新装復刊》

二〇一五年　五月　五日　印刷
二〇一五年　五月二五日　発行

著者　アントナン・アルトー
訳者©　安《あん》堂《どう》信《しん》也《や》
発行者　及川直志
印刷所　富士リプロ株式会社
発行所　株式会社白水社
東京都千代田区神田小川町三の二四
電話　営業部　〇三(三二九一)七八一一
　　　編集部　〇三(三二九一)七八二一
振替　〇〇一九〇―五―三三二二八
郵便番号　一〇一―〇〇五二
http://www.hakusuisha.co.jp
乱丁・落丁本は、送料小社負担にてお取り替えいたします。

株式会社松岳社

ISBN978-4-560-08442-7

Printed in Japan